AOL-Verlag • Lichtenau

Monika Jostes - Reinhold Weber

Projektlernen

Handbuch zum Lernen
von Veränderungen in Schule,
Jugendgruppen & Basisinitiativen

AOL-Verlag · Lichtenau

© AOL-Verlag • W-7585 Lichtenau • Telefon 07227-4349 • Fax 07227-8284
Alle Rechte vorbehalten.
Wir bedanken uns beim Verlag Pahl-Rugenstein Nachfolger GmbH
für die freundliche Genehmigung des Nachdrucks.
Umschlag, Layout und Illustration: Barbara Hörnberg, Hamburg
Satz: ICS Communications-Service GmbH, Bergisch-Gladbach
Fotos: Monika Jostes, Reinhold Weber
Druck: Druckerei Naber & Rogge, W-7597 Rheinmünster
Printed in Germany 1992
ISBN 3-89111-**124**-X

Inhalt

	Vorwort	7
	Übersicht über die Projektschritte	9
1.	Projektteilnehmer/innen lennenlernen	12
2.	Gruppen bilden	16
3.	Gruppenaufgaben verteilen	20
4.	Projektthemen sammeln	22
5.	Projektthema entscheiden	28
6.	Mitarbeiter/innen werben	34
7.	Handlungsziele erarbeiten	38
8.	Methoden überlegen	44
9.	Richtziel bestimmen	46
10.	Thema politisch absichern	50
11.	Arbeitszeiten festlegen	56
12.	Arbeitsräume gestalten	60
13.	Projekttag beginnen	62
14.	Wochenplan erarbeiten	66
15.	Tagesplan aufstellen	68
16.	Handlungsziele erreichen	72
17.	Arbeitsergebnisse mitteilen	76
18.	Projekttag reflektieren	82
19.	Absprachen treffen	90
20.	Projektergebnisse darstellen oder erleben	94
21.	Projekt auswerten	96
	Kopiervorlagen	101
	Literatur	152
	Sachregister	153

Vorwort oder
Die Menschheit ist kein rollender Ball (Kropotkin)

Zu den Intentionen des Handbuches

Überall verschärfen sich die gesellschaftlichen Probleme. Grundlegende Veränderungen, bei denen das Wohl von Mensch und Natur im Mittelpunkt stehen, werden immer dringender.
Neues ergibt sich jedoch nicht von selbst, sondern muß meist erkämpft werden. Wo und wie aber können wir Erfahrungen sammeln, die uns befähigen, gesellschaftlichen Mißständen entgegenzutreten?
Wir haben **Projekte** als Chance erfahren, radikaldemokratische Strukturen einzuüben und anzuwenden. Vor allem „natürliche Mitlebensstrukturen" ergaben dabei Möglichkeiten für Erziehung und Widerstand (vgl. Baumann/Klemm/Rosenthal, a.a.O., S. 33).
Lernen und Handeln sind in Anlehnung an die Theorie von Dewey nach dem Muster des Erfahrungslernens strukturierbar. Solch ein Erfahrungsprozeß setzt an sinnlich empfundenen Mängeln an, die auf Veränderung abzielen. Wichtige Komponenten dieses Prozesses sind die gründliche Analyse der Ausgangssituation sowie das Ausgestalten von Handlungsideen und -plänen, die ein zielgerichtetes Handeln bis hin zur Veränderung der ursprünglichen Mangelsituation möglich machen (vgl. Duncker, Götz, a.a.O., S. 29/30).

Zum Stellenwert von Projektlernen

Bei unserem Projektverständnis beziehen wir uns vor allem auf John Dewey (USA, 1859–1952) und Paul Goodman (USA, 1911–1972), die Bremer Schulreformer (um 1920), die deutsche Studentenbewegung (um 1965) und die Trainingskollektive für Gewaltfreie Aktion (um 1980).
Wir haben Projektarbeit und Projektlernen in so unterschiedlichen Bereichen wie Kinder- und Jugendarbeit, Schule, Erwachsenenbildung, Hochschule, Bürgerinitiativ- und Alternativbewegung wiedergefunden. Dies bestätigt unsere eigene Erfahrung, daß Projekte und Projektlernen in allen Alters- und Bevölkerungsgruppen von Bedeutung sein können. Es wäre aber vermessen anzunehmen, daß jedes Projekt gesellschaftliche Veränderungen mit sich bringt. Dafür sind die Ausgangsbedingungen, die Vorerfahrungen, die Bedürfnisse und das Bewußtsein der Projektteilnehmer/innen zu verschieden.
Projekt**lernen** wird allerdings auch da stattfinden, wo „nur" Projektkriterien beachtet werden. Genau dies kann dann die Ausgangsbedingung dafür sein, daß irgendwann auch gesellschaftliche Veränderungen gewünscht und initiiert werden.

Beispiele:
a) In einem Kindergarten beschäftigen sich Kinder und Erwachsene mit dem Thema „Winter". Ein Teil der in diesem Handbuch angeführten Projektschritte ist unnötig oder eine Überforderung für die Kinder. Die Erwachsenen orientieren sich dennoch an diesen Schritten, um nichts Wichtiges zu vergessen und den Kindern einen Teil der Projektkriterien nahezubringen (z. B. Emotionalität, Motivation, Heterogenität, Selbstorganisation, Entscheidungsfähigkeit, kollektive Produkte); so können sie bei späteren Projekten auf diesen Erfahrungen aufbauen.
b) Als Reaktion auf die Atomkatastrophe in Tschernobyl treffen sich Erwachsene, die durch eine „Giroblau-Kampagne" ihre Stadtwerke zum Ausstieg aus dem Hochtemperaturreaktor-Programm zwingen wollen. Ihr emotionaler Widerstand gegen ein projektartiges Vorgehen mit zielgerichtetem Arbeiten ist so groß, daß ein Erfolg fast aussichtslos scheint. Möglichkeiten für Projektlernen ergeben sich aber trotzdem: ein Mitarbeiter ordnet jeden Vorschlag und jede Handlung einem der Projektschritte zu und macht auf Schritte aufmerksam, die vergessen wurden. Auf diese Weise lernt die Gruppe zwar nicht systematisch, aber – orientiert an den eigenen Erfahrungen und Bedürfnissen – doch projektartig.

Zum Projektlernen in Schulen

In den vergangenen Jahren ist es für viele Schulen „chic" geworden, Projektwochen durchzuführen und damit in der Öffentlichkeit Werbung für die Schule zu machen. Schulbeamte und Richtlinien-Experten empfehlen Projektunterricht als „Weg aus der Routine" und als progressiven Anstrich für einen ansonsten ungeliebten Schulalltag.
Ein Teil der Lehrer/innen benutzt Projektunterricht mit seiner offeneren Unterrichtsform auch als Ausweg, um der zunehmenden Schulunlust und den Aggressionen der Schüler/innen durch einen mehr an Schülerinteressen orientierten Unterricht entgegenzutreten.

Alle Ansätze mißachten die Tatsache,

- daß Projekt(unterricht) eine gesellschaftspolitische Dimension hat, die auf die Überwindung des herkömmlichen Schul- und Bildungssystems zielt,

- daß Projekt(unterricht) eine fast hundertjährige Geschichte hat, die fortlaufend weitergeschrieben werden kann,

- daß Projekt(unterricht) zwar da ansetzt, wo die betroffenen Schüler/innen, Lehrer/innen, Eltern und die Umgebung ihre Interessen und Probleme sehen; er muß aber von Anfang an eine stetige Weiterentwicklung und Veränderung mit klar zu benennenden Zielen und nicht beliebig austauschbaren Inhalten vorsehen.

Für uns ist Projekt(unterricht) nicht eine „andere" oder „offenere" Unterrichtsform, die es gilt, einmal oder zweimal im Jahr zu praktizieren. Wir meinen, daß neben den Projektschritten auch verschiedene Projektkriterien, die den gesellschaftspolitischen Hintergrund beleuchten, im Hinblick auf Lernen sehr wichtig sind (z. B. Herrschaftslosigkeit, Sinnlichkeit, Interaktion, Lernen als Prozeß. Vergleiche die fettgedruckten Projektkriterien in den Spalten „Gesellschaftspolitischer Bezug"). Diese müssen Beurteilungsmaßstab für den üblichen Fachunterricht und für Projektunterricht werden. Für uns ergibt sich hieraus zwangsläufig die Notwendigkeit, ersteren immer mehr zu verdrängen und letzteren ständig zu verbessern.

Zum Gebrauch des Handbuches

- Wir wissen, daß Leben, Lernen und Arbeiten in Projekten in unserer Gesellschaft noch eine Utopie ist, der wir uns nur langsam und in kleinen Schritten nähern können. Diese Kleinschrittigkeit haben wir auch den einzelnen Kapiteln des Handbuches zugrundegelegt.
  Ein **Kapitel** umfaßt jeweils den Projektschritt mit dem gesellschaftspolitischen Bezug, mit methodischen Hilfen und darauf bezogenen Übungen.

- Jedes Kapitel wird durch eine kurze **Inhaltsangabe** eingeleitet, die den nötigen Überblick geben soll.

- In der Spalte **„Gesellschaftspolitischer Bezug"** wird versucht, die Bedeutung des Projektschrittes in einen größeren Zusammenhang zu stellen.

- Fettgedruckte Begriffe in der Spalte „Gesellschaftspolitischer Bezug" geben **Projektkriterien** an, die im Verlauf eines Projektes immer wieder von Bedeutung sind. Sie werden aber nur im Zusammenhang mit Projektschritten erläutert, welche deren Stellenwert besonders deutlich machen. **Sonstige Projektkriterien** sind zu Ende des „Gesellschaftspolitischen Bezugs" mit Hinweis auf die Kapitel aufgeführt, in denen sie näher beschrieben sind.

- Die **Projektschritte** geben eine Idealform des Projektes wieder, die in dieser Abfolge selten vorkommen wird. Wir gehen davon aus, daß Projektgruppen immer wieder Projektschritte weglassen oder in veränderter Reihenfolge bearbeiten.
  Die **Übersicht über die Projektschritte** im Anschluß an dieses Vorwort und bei den Kopiervorlagen soll Lesern/innen und Projektteilnehmern/innen einen schnelleren Überblick verschaffen.

- Taucht am Ende eines Abschnitts der **Buchstabe K.** mit einer Ziffer auf, so ist dies ein Hinweis auf eine Kopiervorlage, die im Anhang des Handbuches zu finden ist.

- Die (formalistisch anmutenden) **Ziffern vor den Methoden, Übungen und Kopiervorlagen** dienen lediglich dazu, die entsprechenden Zusammenhänge schneller sichtbar zu machen.

- **Methoden** und Übungen sind Beispiele, die nicht als Rezepte verstanden werden sollen, sondern zu eigenen Ideen anregen sollen.

- Die **Übungen** können und sollen auch in ganz anderen Zusammenhängen (z. B. Spielrunden, Auflockerungen) eingesetzt werden. Sie haben vor allem dann einen Sinn, wenn sie vor Anwenden der entsprechenden Methode durchgeführt werden. In der Regel sind sie stark an der Methode und weniger am Projektschritt orientiert.

- Um dem/der Leser/in langes Suchen zu ersparen, werden im **Sachregister** die Projektschritte (in Kurzform), die Namen von Methoden und Übungen sowie die Projektkriterien mit Seiten- und (teilweise) Kapitelangaben aufgeführt.

Zur Entstehung dieses Handbuches

Als wir vor etwa einem Jahr anfingen, dieses Buch zu schreiben, hatten wir zahlreiche Projekte „hinter uns", Akten voller erprobter Materialien und eine ganze Reihe von Trainings für Pädagogen/innen initiiert, um diesen beim Projektlernen zu helfen. Damals erschien uns der Aufwand nicht besonders groß, aus all diesen Erfahrungen heraus ein Buch zu schreiben. Wir wurden leider eines Besseren belehrt (so etwas heißt wohl „Projektlernen").
Heute wissen wir, daß uns das Schreiben des Handbuches nur durch die Hilfe vieler Menschen um uns herum möglich war:
der Familien, der Freunde und Freundinnen, der Kollegen und Kolleginnen, der Schüler und Schülerinnen.
Besonderer Dank gilt Volker Dittrich, Stefanie Faasen, Georg Frößler, Barbara Gramberg, Kathrin Hammer, Jochen Hertrampf, Walter Lukas, Ute Oberste-Lehn, Jutta Peterke, Christiane Thevis-Josten und Hanno Topoll.
Wir würden uns freuen, wenn auch Leser/innen dieses Handbuches ihre Erfahrungen weitergeben und Projektlernen dadurch weiterentwickeln könnten. Dazu stellen wir unsere Kontaktadressen gerne zur Verfügung:

Köln/Wuppertal
Monika Jostes
Reinhold Weber

Monika Jostes
Simon-Meister-Straße 25 c
5000 Köln 60

Reinhold Weber
Dasnöckel 92
5600 Wuppertal 11

Übersicht über die Projektschritte:

1. Projektteilnehmer/innen kennenlernen
1.1. Die Gruppenmitglieder lernen sich mit Namen kennen.
1.2. Die Gruppenmitglieder lernen sich intensiver kennen, wobei sich dies auf sehr unterschiedliche Bereiche bezieht bzw. beziehen kann.

2. Gruppen bilden
2.1. Die Gruppenmitglieder beschäftigen sich mit Sinn und Zweck der Gruppenbildung sowie der Art und Weise, wie sie erfolgen soll.
2.2. Aus der Groß-Gruppe bilden sich gleich große, heterogene Kleingruppen; dieser Prozeß ist erst abgeschlossen, wenn alle Teilnehmer/innen mit dem Endergebnis einverstanden sind (Konsensentscheidung).

3. Gruppenaufgaben verteilen
3.1. Die in einer Gruppe regelmäßig anfallenden Arbeiten werden vorgestellt und erläutert.
3.2. Die Arbeiten werden innerhalb der Gruppe verteilt.

4. Projektthemen sammeln
4.1. Jede Gruppe einigt sich auf eine/höchstens zwei Methode/n, mit denen sie Themen sammeln will.
4.2. Die Gruppen sammeln Themen mit ihrer gewählten Methode.
4.3. Jedes Thema, das durch *eine* (die gleiche) Methode gefunden wurde, wird auf eine Karte mit gleicher Farbe geschrieben.
4.4. Die Themen werden an einen Projektbaum gehängt, der in folgende Sachbereiche (Äste) gegliedert ist:
- Sport und Körperbereich
- Künstlerischer Bereich
- Mathematisch-naturwissenschaftlicher Bereich
- Sprachlicher Bereich
- Gesellschaftspolitischer Bereich
- Geographischer Bereich
- Technischer Bereich

4.5. In einer gemeinsamen Reflexion werden Antworten auf folgende Fragen gesucht:
- Zu welchen Bereichen wurden keine oder nur wenige Themen gefunden?
- Gibt es Zusammenhänge zwischen der angewandten Methode und der Anzahl (und der Qualität) der gefundenen Themen?
- Welche Konsequenzen ergeben sich für eine zukünftige Themensammlung?

5. Projektthema entscheiden
5.1. Jedes Gruppenmitglied wählt zwei Themen aus, die den eigenen Interessen und Bedürfnissen am ehesten entsprechen.
5.2. Zu den zwei Themen werden je drei Handlungsziele überlegt, wodurch die Themen auf ihre Eignung hin überprüft werden.
5.3. Durch Stellungnahmen einiger Personen zu den Themen wird überprüft, wie Mitmenschen über die Themen denken.
5.4. Die Gruppenmitglieder informieren sich gegenseitig über gewählte Themen und gefundene Handlungsziele.
5.5. Die Gruppe beschäftigt sich mit Themen, die *nicht* von allen als interessant empfunden werden, und versucht, Interessen zu entdecken.
5.6. Themen, bei denen ein/mehrere Gruppenmitglied/er auf keinen Fall mitarbeiten würde/n, werden aussortiert. Übrig bleiben Themen, die von allen (mehr oder weniger begeistert) akzeptiert werden.
5.7. Die Großgruppe einigt sich auf eins der Themen, das von allen Kleingruppen vorgeschlagen wurde.

6. Mitarbeiter/innen werben
6.1. Die Gruppenmitglieder klären untereinander ab, was ein/e Mitarbeiter/in ist. Sie unterscheiden klar zwischen Mitarbeiter/in (mit Mitgliedschaft in der Gruppe) und zu befragendem/r Experten/in.
6.2. Leute aus dem Umfeld, die für eine Projektmitarbeit in Frage kommen, werden benannt.
6.3. Die Gruppenmitglieder werben Mitarbeiter/innen und klären ab, was unter Mitarbeit verstanden wird.

7. Handlungsziele erarbeiten
7.1. Jede Gruppe einigt sich auf eine Methode, mit der sie Handlungsziele aufstellen will.
7.2. Die Gruppen formulieren Handlungsziele.
7.3. Die Gruppen strukturieren die gefundenen Handlungsziele.

8. Methoden überlegen
8.1. Anhand vorgegebener Handlungsziele wird eine Sammlung von Methoden erstellt, durch die Handlungsziele erreicht werden können.
8.2. Jedem Handlungsziel werden Methoden zugeordnet, durch die das Handlungsziel erreicht werden könnte.

9. Richtziel bestimmen
9.1 Den Projektteilnehmern/innen wird verdeutlicht, was unter einem Richtziel zu verstehen ist.
9.2. Jede Gruppe entscheidet sich für ein Richtziel zum Thema.
9.3. Die Gruppen einigen sich auf ein/mehrere Richtziel/e.

10. Thema politisch absichern
10.1. Die Gruppenmitglieder sammeln Namen von Gruppen, Institutionen und Personen, die mit dem *Projektthema* zu tun haben.
10.2. Die Sammlung wird mit Namen von Institutionen, Gruppen, und Personen ergänzt, die in positiver/unterstützender oder negativer/erschwerender Form mit der *Projektgruppe oder einzelnen Projektmitgliedern* zu tun haben (z. B. Eltern, Freunde, Arbeitskollegen/innen, Schule, . . .).
10.3. Die gesammelten Institutionen, Gruppen und Personen werden nach den Kategorien „Unterstützer" und „Gegner des Projektthemas" sortiert.
10.4. Es wird untersucht, wie stark Unterstützer und Gegner für oder gegen das Thema Einfluß nehmen können/werden.
10.5. Die Gruppenmitglieder überprüfen, inwieweit die Bedingungen innerhalb der Gruppe die Erarbeitung des Projektthemas beeinflussen können.
10.6. Je nach Notwendigkeit können aus den bis jetzt erarbeiteten Ergebnissen zusätzliche Handlungsziele formuliert werden.

11. Arbeitszeiten festlegen
11.1. Die Projektteilnehmer/innen reflektieren, mit welchem Zeitbewußtsein sie das Projekt bearbeiten werden.
11.2. Die im Moment zur Verfügung stehende und die von den Gruppenmitgliedern erwünschte Projektzeit wird ermittelt.
Wünschen die Projektteilnehmer/innen eine Ausweitung der zur Verfügung stehenden Projektzeit, so müssen sie dies eventuell als zusätzliches Handlungsziel formulieren (und anschließend zuordnen).
11.3. Die Projektteilnehmer/innen treffen die zeitlichen Absprachen, welche für eine erfolgreiche, gemeinsame Projektarbeit nötig sind.

12. Arbeitsräume gestalten
12.1. Die Gruppenmitglieder reflektieren ihre Vorstellungen von „Arbeitsräumen".
12.2. Der vorhandene Arbeitsraum wird mit dem „Traum-Arbeitsraum" der Gruppe verglichen.
12.3. Die Projektteilnehmer/innen entscheiden, ob und wie sie den Arbeitsraum kurzfristig gestalten werden.
Wenn Änderungen an den Arbeitsraum-Verhältnissen gewünscht werden, die einiges an Planungs- und Realisierungsaufwand erfordern, formuliert die Gruppe dies als Handlungsziel (und ordnet es zu).
12.4. Der Projektraum wird soweit gestaltet, daß wenigstens ein Teil der Handlungsziele erreicht werden kann (sachlich, emotional, kommunikativ).

13. Projekttag beginnen
13.1. Die Projektteilnehmer/innen stimmen sich auf das Projektthema ein.
13.2. Die Gruppenmitglieder schaffen sich die organisatorischen Voraussetzungen für ihre Projektarbeit.
13.3. Die Projektteilnehmer/innen entwickeln Vorstellungsbilder im Hinblick auf das bevorstehende Projekt.

14. Wochenplan erarbeiten
14.1. Alle Projektteilnehmer/innen informieren sich über den aktuellen Vorbereitungsstand bezüglich der Projektinhalte.
14.2. Die Projektgruppen entscheiden sich für eine Vorgehensweise zur Bearbeitung der Handlungsziele.
14.3. Die Projektteilnehmer/innen erarbeiten einen Wochenplan.

15. Tagesplan aufstellen
15.1. Die Projektteilnehmer/innen sammeln die nötigen Daten zur Erstellung von Tagesplänen.
15.2. Die Projektteilnehmer/innen regeln gegebenenfalls organisatorische Voraussetzungen für die Erreichung des Handlungsziels.
15.3. Die Gruppenmitglieder erstellen einen Tagesplan.
15.4. Die Gruppen kontrollieren und korrigieren gegebenenfalls ihre Tagespläne.

16. Handlungsziele erreichen
16.1. Die Gruppenmitglieder besorgen sich das notwendige Arbeitsmaterial.
16.2. Die Gruppenmitglieder führen die selbstgewählten Aufgaben durch.

17. Arbeitsergebnisse mitteilen
17.1. Die Projektteilnehmer/innen werten die Materialien aus, die sie beim Erreichen der Handlungsziele zusammengetragen haben (entsprechend dem Richtziel).
17.2. Die Projektgruppe überprüft und diskutiert die aufbereiteten Materialien, um sie anschließend in Zusammenhang mit den anderen bearbeiteten Handlungszielen zu stellen.
17.3. Die Projektgruppen stellen ihre Arbeitsergebnisse vor und halten Verbesserungsvorschläge fest.

18. Projekttag reflektieren
18.1. Die Gruppenmitglieder reflektieren ihren Arbeits- und Lernprozeß sowohl unter rationalen als auch unter emotionalen Gesichtspunkten.
18.2. Die Reflexionsergebnisse werden der gesamten Projektgruppe vorgestellt.
18.3. Die Projektteilnehmer/innen überlegen Verbesserungsvorschläge für ihr weiteres Vorgehen.

19. Absprachen treffen
19.1. Die Gruppenmitglieder informieren sich gegenseitig, welche Handlungsziele sie an diesem Tag wie, wo, mit wem und wann erreichen wollen.
19.2. Es wird überprüft, an welchen Stellen gemeinsame Aktivitäten von Mitgliedern unterschiedlicher Gruppen möglich sind.
19.3. Die Projektteilnehmer/innen vereinbaren gemeinsame Aktivitäten für eine überschaubare, schon geplante Zeit.

20. Projektergebnisse darstellen oder erleben
20.1. Die Projektteilnehmer/innen tragen alle Projektergebnisse zusammen, die im Hinblick auf das Richtziel entstanden sind (einschließlich der mißglückten und prozeßbezogenen „Materialien").
20.2. Die Projektergebnisse werden auf das Richtziel hin verwertet. Dabei können die Gruppen gemeinsam oder arbeitsteilig vorgehen.
20.3. Die Projektteilnehmer/innen präsentieren ihr Projektergebnis oder haben ein gemeinsames Erlebnis oder führen eine Aktion durch.

21. Projekt auswerten
21.1. Die Projektteilnehmer/innen reflektieren die einzelnen Projektschritte unter inhaltlich/sachlichen, emotionalen und gruppendynamischen Gesichtspunkten.
21.2. Die Projektteilnehmer/innen sammeln Verbesserungsvorschläge für zukünftige Projekte.

1. Projektteilnehmer/innen kennenlernen

Dieser Projektschritt ist in seiner Intensität an die Ausgangsbedingungen anzupassen: für einander fremde Personen muß Kennenlernen anders aussehen als für eine schon länger bestehende Gruppe.

Gesellschaftspolitischer Bezug

Wenn Menschen aufgrund eines Problems oder eines gemeinsamen Interesses zusammenkommen, so ist dies eine wichtige Grundlage für Projektlernen, aber sie reicht nicht aus. Wenn Menschen gerne zusammenkommen, weil sie sich mögen, dann ist dies ebenfalls eine wichtige Voraussetzung für ein Projekt, aber damit allein werden sie scheitern. Wenn Menschen sich ihre persönlichen Interessen und Wünsche erfüllen wollen und nicht auf die der anderen achten, so verhindern sie ein „Gruppe-werden" und damit Projektlernen. Die **Interaktion** und dynamische Balance zwischen „Ich", „Wir" und „Thema" muß Bestandteil von Projektlernen sein, sonst ist langfristig ein Scheitern vorprogrammiert.

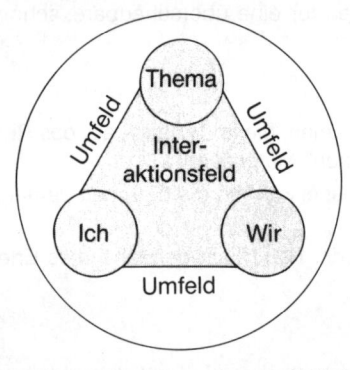

Auch „Kennenlernen" muß es also ermöglichen,

- daß die thematischen und sachlichen Interessen der einzelnen bekannt werden,
- daß jede/r Möglichkeiten zur Selbstdarstellung bekommt und ohne Ablehnung eigene Bedürfnisse äußern kann,
- daß Schritte hin zu einer Gruppen-Identität ermöglicht werden.

Alle drei Variablen („Ich", „Wir" und „Thema") sind von Beginn des Kennenlernens an emotional mehr oder weniger stark besetzt. In herkömmlichen Lernformen wird versucht, **Emotionalität** allein auf das Thema bezogen zuzulassen. Projektlernen will diese Einengung aufbrechen und „Entdeckungen" zu allen drei Bezügen fördern. Daß dies in Anbetracht unserer bisherigen Sozialisation und Lernerfahrungen nicht ohne Konflikte und Rückschläge möglich ist, scheint einleuchtend zu sein. Möchte eine Projektgruppe die dynamische Balance zwischen den Variablen halten und dabei auch noch „in die Tiefe" gehen (besonders intensive Erfahrungen machen), dann ist ihr eine Kontinuität und damit **Lernintensität** dringend anzuraten.

Ständig neue Gruppen oder nur oberflächlich behandelte Themen/Probleme führen langfristig zu wenig Befriedigung und erfordern einen sehr hohen Kraftaufwand.

Projektschritt

1. Projektteilnehmer/innen kennenlernen

1.1. Die Gruppenmitglieder lernen sich mit Namen kennen.

1.2. Die Gruppenmitglieder lernen sich intensiver kennen, wobei sich dies auf sehr unterschiedliche Bereiche bezieht bzw. beziehen kann.

Methoden

1.1.1. Name und Geste
Jede/r denkt sich eine Geste aus, die zu der eigenen Person paßt. Reihum sagen alle ihren Namen und machen dazu ihre Geste, anschließend wiederholen sie Namen und Gesten aller Vorherigen. Hat jemand Namen oder Gesten vergessen, so hilft die Person, die links neben der „Vergessenen" sitzt.

1.1.2. Wer ist in der Großgruppe?
Jede/r bekommt ein Blatt mit Sätzen, die mit Namen zu vervollständigen sind.
Die einzusetzenden Namen sollen durch Mithören oder Nachfragen gefunden werden, wobei der Name einer Person nicht mehr als dreimal aufgeschrieben werden darf.

K. 1.1.2.

1.2.1. Partner-Interview
Partner, die sich nicht gut kennen, interviewen sich gegenseitig: „Welche fünf Wünsche hast du für das kommende Projekt? Wie kommt es zu diesen Wünschen?"
Die Partner stellen sich anschließend gegenseitig in der Groß-Gruppe vor. Die Zuhörer/innen können dabei (anonyme) Briefe an die Vortragenden schreiben in der Form:

„An _____

Ich helfe dir bei deinem Wunsch

_____ (Stichwort) _____

_____ (Absender)"_____

Übungen

1.1.1.1. Kreisspiegel
Alle stehen im Kreis und machen die Bewegung nach, die eine Person vormacht. Nickt die Person einer anderen zu, so ändert diese langsam die Bewegung ab und wiederholt sie solange, bis sie von allen kopiert wird. Die Fortsetzung ist beliebig lang möglich.

1.1.2.1. Vorstellung
Ein Gruppenmitglied nach dem anderen stellt sich mit Namen vor und erzählt einiges über sich (z. B. Hobby, Wohnart, Anti-Lieblingsspeisen). Die anderen notieren sich den Namen und dahinter das, was sie sich gerne von der Person merken möchten.

1.2.1.1. Kontrollierter Dialog
Person A erzählt Person B eine Begebenheit, die ihr sehr wichtig war bzw. ist. Person B stoppt die Erzählung von A, um deren Sätze sinngemäß zu wiederholen.
Ist das Wiederholte falsch wiedergegeben, so berichtigt A, und B wiederholt noch einmal. Dann erzählt A weiter. Nach einiger Zeit werden die Rollen getauscht.

1. Projektteilnehmer/innen kennenlernen

Gesellschaftspolitischer Bezug

Projektschritt

Unsere Gesellschaft verführt dazu, Konflikte und Probleme nur anzutippen und sie dann zu verdrängen. Projektlernen in einer konstanten Gruppe mit relativ offener Zeitplanung kann hier gegensteuern und denjenigen Kräften Paroli bieten, die auf „kurzen Atem" und Oberflächlichkeit der Betroffenen bauen, um ihr Interesse durchzusetzen.

Methoden

1.2.2. Mahlzeit

Alle sollen unabgesprochen zur Zubereitung einer Mahlzeit (entsprechend der Tageszeit) etwas Eß- oder Trinkbares mitbringen (Anschaffungspreis bei einer warmen Mahlzeit nicht über 5,– DM).
Nach einer gemeinsamen „Besichtigung" der Lebensmittel wird entschieden, was daraus gemacht werden soll, und mit der Vorbereitung der Mahlzeit begonnen. Während des Essens ist eine lockere Reflexion über's „Küchenpersonal" möglich.

Übungen

1.2.2.1. Gruppenfrühstück

Jede Kleingruppe spricht untereinander ab, wer was mitbringt, damit ein gemeinsames Gruppenfrühstück möglich ist.

Gruppe A-ha stand zum wiederholten Mal vor dem Problem, daß Uwe sich nicht am Gruppenfrühstück beteiligen wollte. Seine mitgebrachten Brote waren anscheinend „Ritual", das er nicht aufgeben wollte.

2. Gruppen bilden

Selbstorganisierte Gruppen dürfen eine bestimmte Mitgliederzahl nicht überschreiten, wenn sie arbeitsfähig sein wollen. Projektlernen wird außerdem befriedigender, wenn bei der Gruppenbildung die Faktoren „Zuneigung" und „thematisches Interesse" gleichermaßen berücksichtigt werden.

Gesellschaftspolitischer Bezug

Einsamkeit ist bei uns weit verbreitet und für außergewöhnlich viele Erwachsene ein Grund, sich Gruppen anzuschließen. Eine engere Beziehung zu wenigen ist dann oft schon ausreichend, um auch am Thema Interesse zu finden.
Bei der Gruppenbildung muß dem Rechnung getragen werden. Jede/r soll mindestens eine Person als Partner haben, zu der **Vertrauen** besteht. Oberflächliche Beziehungen zu anderen und Konflikte in der Gruppe werden dann leichter bewältigt.
Kinder bilden Gruppen fast ausschließlich unter dem Beziehungsaspekt, die meisten Erwachsenen schlagen oft Sach-(Themen-)Gruppen vor. Ist letzteres das, was unsere Gesellschaft lehrt?
Im Verlaufe eines Gruppenprozesses erleben Erwachsene genauso wie Kinder, daß weder das eine noch das andere alleine die **Motivation** für die Zusammenarbeit hergibt. Zuneigung und Sache werden gleichermaßen als bedeutsam erlebt, aber nur das jeweils eine von der Altersgruppe anerkannt.
Projektlernen soll beide Aspekte von Anfang an ins Blickfeld rücken und keinen von beiden verabsolutieren. Eine solche Grundlage schafft die günstigsten Voraussetzungen für Konsensentscheidungen und Konfliktregelungen.
„Wir passen nicht zusammen, weil wir zu verschieden sind." Auf Projektlernen bezogen weist eine solche Aussage mehr auf Konfliktunfähigkeit und Beschränktheit hin als auf Lernbereitschaft. **Heterogenität** in einer Gruppe (was Fähigkeiten, Geschlechter, Beziehungen, Interessen angeht) ist immer eine Lernchance, selten ein Lernhindernis.
Anonymität in unserer Gesellschaft ist eine der vielen Folgen unseres kapitalistischen, auf die Verfügbarkeit und Konsumbereitschaft der Menschen zielenden Systems. Da wir kaum noch in sozialen Bezugsgruppen leben, können viele Erfahrungen nicht mehr gemacht werden. Für dadurch entstandene Defizite werden immer häufiger Therapiegruppen in Anspruch genommen.
Projektlernen kann erlebbar machen, daß Bezugsgruppen gegründet werden können, daß sie nichts kosten, sich selbst organisieren, ein „Heimatgefühl" vermitteln und politisch wirksam werden können. Projektlernen kann auch aufzeigen, wie Kontakte zwischen Bezugsgruppen herstellbar und fruchtbar sein können, um dann später vielleicht zu **„Kleinen Netzen"** zu führen.

Projektschritt

2. Gruppen bilden

2.1. Die Gruppenmitglieder beschäftigen sich mit Sinn und Zweck der Gruppenbildung sowie der Art und Weise, wie sie erfolgen soll.

> *In einem Seminar „Lernen von Veränderung" dauerte die Gruppenbildung einen ganzen Tag. Beziehungen und inhaltliche Interessen waren nie deckungsgleich, sollten aber unbedingt gleichgewichtig bleiben. Da es den Teilnehmern/innen nicht möglich war, von dieser selbstgesetzten Norm wegzukommen, blieben sie 10 Tage lang in Kompromissen stecken.*

2.2. Aus der Groß-Gruppe bilden sich gleich große, heterogene Kleingruppen; dieser Prozeß ist erst abgeschlossen, wenn alle Teilnehmer/innen mit dem Enderergebnis einverstanden sind (Konsensentscheidung).

> *Die Gruppenbildung sollte auch stattfinden, wenn das Kennenlernen noch unzureichend oder die Fähigkeiten und Interessen der Gruppenmitglieder noch zu wenig bekannt erscheinen. Erkenntnisse solcher Art sind besonders gut in Kleingruppen nachzuholen und zu vertiefen.*
> *Da diese Art von Gruppenbildung jede/n davor schützt, eine Lösung aufgezwungen zu bekommen, und gleichzeitig dazu zwingt, sich mit den Bedürfnissen der anderen auseinanderzusetzen, sollte sie nur in Extremfällen während des Projekts aufgehoben werden. Konflikte sollen nicht durch eine neue Gruppenbildung vertuscht werden. Wer Projektlernen ernst nimmt, kann eine Gruppenauflösung nur dann fordern, wenn alle anderen Möglichkeiten ausgeschöpft sind.*

Methoden

2.1.1. Spitzengruppe
Die Anwesenden werden anhand von Bildvorlagen mit verschiedenen Gruppenformen und Rollenverteilungen konfrontiert und aufgefordert, sich damit auseinanderzusetzen. K. 2.1.1.
(Lösung: Aufg. 1 Gruppe A
Aufg. 2 Groß-Gruppe A
Aufg. 3 Gruppe B
Aufg. 4 Gruppe B)
Alternativ können auch die auf den Kopiervorlagen aufgeführten Rollen Teilnehmern/innen zugewiesen werden. Die Inhalte werden dadurch vermittelt, daß die jeweiligen Gruppenkonstellationen dargestellt werden.

2.1.2. Gruppenarbeits-Thesen
Die folgenden Thesen werden vorgestellt und besprochen:
- Selbstorganisierte Gruppen mit 5 bis 10 Personen sind am ehesten arbeitsfähig.
- Ein Projektthema ist in seiner Vielfältigkeit nur effektiv zu bearbeiten, wenn arbeitsteilig vorgegangen wird.
- Für Projektlernen ist es wichtig, daß die Gruppen heterogen (ungleichartig) zusammengesetzt sind (Geschlechter, Fähigkeiten, Beziehungen ...). Um damit umgehen zu können, müssen die Gruppen überschaubar bleiben.
- Bei einer Gruppenbildung spielen Zuneigungen und thematische Interessen eine gleichermaßen wichtige Rolle.

2.2.1. Gruppenbildung
In einem leeren Raum oder auch im Freien hängen auf einer Wandzeitung sichtbar für alle Kriterien zur Gruppenbildung.
Mögliche Kriterien:
- In den Gruppen sollen gleich viele Gruppenmitglieder sein.
- In den Gruppen sollen gleich viele Jungen und Mädchen (Männer und Frauen) sein.
- In den Gruppen sollen gleich viele Ausländer sein (z. B. wegen der Sprachprobleme).
- In den Gruppen sollen gleich viele Eltern mit Kindern sein.

Erst wenn diese Kriterien erfüllt sind, gilt der Gruppenbildungsprozeß als abgeschlossen.
Die Teilnehmer/innen stellen sich in Grüppchen zusammen, verhandeln miteinander, machen Veränderungsvorschläge, lösen Gruppen wieder auf usw., bis ein Konsens erreicht ist.

Übungen

2.1.1.1. Lebensformen
Die Gruppenmitglieder beschäftigen sich mit verschiedenen Sozialformen. K. 2.1.1.1.

2.1.1.2. Arbeitsformen
Die Gruppenmitglieder listen Vor- und Nachteile verschiedener Arbeitsformen auf. K. 2.1.1.2.

2.2.1.1. Gruppenbildungsübungen
In einer Spielreihe, bei der jeweils mehr als zwei Kleingruppen nötig sind, gehört die immer wieder neue Gruppenbildung zum Spielbeginn. Anfangs müssen gleich viele Personen in den Gruppen sein, dann müssen zusätzlich eine bestimmte Anzahl von Jungen und Mädchen vorhanden sein. Die Bedingungen können im Verlauf der Spielreihe immer schwieriger und die Spiele selbst immer länger werden. Die Bildung der Gruppen muß immer freiwillig erfolgen und ist erst dann beendet, wenn das angegebene Kriterium erfüllt ist.

Beispiele:
Es wird eine Aufgabe genannt (z. B. aus Stühlen in der Anzahl der Gruppenmitglieder einen möglichst hohen Turm bauen). Die Gruppen bilden sich entsprechend einer gerufenen Zahl. Die „Restgruppe" bestimmt die nächste Aufgabe, zu der wieder neue Gruppen gebildet werden.

Gesellschaftspolitischer
Bezug
Projektschritt

Methoden

Falls bei der Gruppenbildung immer die gleichen „übrigbleiben" (nicht integriert werden sollen/wollen), empfiehlt es sich, daß diese mit der Zusammenstellung ihrer Wunschgruppen beginnen (ohne Protest oder Widerstand anderer) und die anderen warten. Daran anschließend könnten die anderen den Wahlprozeß fortsetzen oder Veränderungen vornehmen.

Übungen

Entsprechend einer festgelegten Mindestzahl von Jungen und Mädchen werden neue Gruppen gebildet. Jede Gruppe bewegt sich so schnell wie es geht gemeinsam zur anderen Raumseite, indem möglichst wenig Füße auf den Boden gesetzt werden.

Nach einer erneuten Gruppenbildung transportiert jede Gruppe ein Gruppenmitglied über eine vorher bestimmte Strecke, wobei jede/r nur einen Arm benutzen darf.

Neu gebildete Gruppen sollen in einer festgelegten Zeit Geräusch-Gegenstände finden. Die anderen Gruppen müssen ohne Sehen erraten, mit welchen Gegenständen die Geräusche gemacht werden.

3. Gruppenaufgaben verteilen

Daß es in Gruppen Aufgaben gibt, die für die Arbeit der Gruppen große Bedeutung haben, ist unbestritten. Zum Projektlernen tragen weder diejenigen bei, die sich vor diesen Aufgaben drücken, noch die, welche sie heimlich übernehmen.

Gesellschaftspolitischer Bezug

Unsere Gesellschaft ist in fast allen Bereichen hierarchisch organisiert. Oft wird dies mit einer angeblich größeren Effizienz der Arbeit begründet, fast immer ist die Ausübung von Herrschaft der eigentliche Sinn. Projektlernen kann die Erfahrung ermöglichen, daß **Selbstorganisation** möglich und effizient sein kann. Die Betroffenen können selbst erleben, wie Mündig-werden und Mündig-sein Befriedigung verschafft und Spaß macht. Basisdemokratische Organisationsstrukturen werden eingeübt, um sie selbstverständlicher zu machen, damit sie immer häufiger aus einer kundigen Unzufriedenheit gegenüber Herrschaft heraus eingeklagt und erkämpft werden. Von daher wird die Rolle eines/r Gruppenleiters/in oder Lehrers/in im Projektlernen immer in Frage gestellt werden müssen. Selbstorganisation ist nur möglich in einem **Kollektiv Lehrender und Lernender.** Dies heißt nicht, daß von Anfang an alle das Gleiche können und alle das Gleiche zu sagen haben.

Aber es bedeutet für die Beteiligten, sich in einem längeren Prozeß auf den Weg zu begeben, um voneinander zu lernen und gegenseitig zu lehren. Die einen müssen es wieder ertragen können, selbst unwissend und lernfähig zu sein, die anderen müssen lehrbereit werden. Eine solche Lernsituation erfordert Offenheit, Verantwortungsbereitschaft, Rollenwechsel und Solidarität. Auch dazu wird ein Kollektiv Lehrender und Lernender benötigt.

Sonstige Projektkriterien:
Herrschaftslosigkeit (Kap. 10, 15)

Projektschritt

3. Gruppenaufgaben verteilen

3.1. Die in einer Gruppe regelmäßig anfallenden Arbeiten werden vorgestellt und erläutert.

Während eines Projektes im 7. Schuljahr arbeitete ein Lehrer bewußt als Mitglied einer Kleingruppe mit. Tagespläne und Tagesreflexionen, auf denen er gegenüber seinen Schülern immer bestand, bekam er selbst selten zustande. Im Trubel der Ereignisse und Ansprüche an ihn wurden sie ihm sehr viel weniger wichtig.

3.2. Die Arbeiten werden innerhalb der Gruppe verteilt.

In einem Wohnprojekt fand ein Teil der Mitglieder die Verteilung von Gruppenaufgaben formalistisch und nicht erwachsenengemäß. Die Konsequenz war, daß über Jahre Protokollnotizen, Gesprächsleitung, Materialverwaltung und „Blitzer" nur von einigen und dann oft verdeckt übernommen wurden. Die Gruppe stieß immer wieder auf das Problem, daß sich dadurch Hierarchien bildeten, war aber zu Änderungen nie bereit.

Methoden

3.1.1. Gruppenaufgaben

Folgende Funktionen werden auf je einem Umhängeschild gut sichtbar notiert:

a) Sprecher/in; Schreiber/in
b) Gesprächsleiter/in; Beobachter/in
c) Delegierte/r
d) Blitzer/in
e) Materialverwalter/in

Nacheinander wird einer oder mehreren Personen ein Schild umgehängt; diese sollen näher beschreiben, wie die jeweilige Funktion zu verstehen ist:

zu a) alle für das Plenum vorgesehenen Gruppenergebnisse mitschreiben und vortragen

zu b) ein Gruppengespräch mit Hilfe einer Rednerliste leiten und darauf achten, daß die Gruppe beim Thema bleibt oder bei einem selbstorganisierten Gruppengespräch (z. B. mit Sprechball, vgl. 4.5.1.) beobachten, ob die Gesprächsregeln eingehalten werden (z. B. mit Beobachtungsbogen)
K. 3.1.1.

zu c) die Gruppe vertreten, wenn der Delegiertenrat (je ein Gruppenmitglied) (vgl. 9.3.1., 19.1.2.) zusammentritt

zu d) darauf achten, daß alle gefühlsmäßig in der Lage sind, sich am Gespräch bzw. an der Arbeit zu beteiligen; ist dies nicht der Fall, unterbricht der/die Blitzer/in z. B. in der Form:
„Ich habe bemerkt, daß..."
„Machen wir im Moment etwas falsch, so daß du dich nicht mehr beteiligen kannst?"

zu e) Arbeitsmaterialien holen und verwalten

3.2.1. Aufgabenteilung rotierend

Die Gruppenmitglieder teilen die Arbeiten untereinander auf und tragen unter der Funktion jeweils wechselnd entweder tage- oder zeitweise die Namen der Gruppenmitglieder ein.
K. 3.2.1.

Übungen

3.1.1.1. Aufgabenteilung

Die im Abschnitt „Methoden" stehenden Funktionen können einzeln und längerfristig eingeübt werden.
Eine tägliche oder wöchentliche Reflexion ist zur Besprechung von Problemen, Fehlern und Veränderungen besonders ratsam.

3.2.1.1. Aufgabenteilung rotierend

Die Aufgabenteilung kann immer dann eingeübt werden, wenn einige der Funktionen wahrgenommen werden müssen. Hierbei empfiehlt sich aber zur intensiven Einübung ein wöchentlicher Wechsel. Der ausgefüllte Bogen soll für jede/n sichtbar ausliegen oder aushängen.
K. 3.2.1.

4. Projektthemen sammeln

An dieser Stelle des Projekts geht es darum, mögliche Wünsche, Probleme und Interessen zu sammeln, an denen Projektteilnehmer/innen arbeiten möchten. Es sollte noch keine Entscheidung darüber getroffen werden, welches Projektthema später bearbeitet wird.

Gesellschaftspolitischer Bezug

Wer etwas lernen möchte, muß versuchen, möglichst nahe an das heranzukommen, was gelernt werden will. Das kann nur **Lernen im Lebensraum** bedeuten: Straße, Ortsteil oder Ort werden Erkundungsgegenstand, Experimentierfeld und Erfahrungsfeld. Materialien aus der Umgebung können für die praktische oder gestalterische Ausstattung der Lernbasis (Klasse, Gruppenraum) benutzt werden, bis ihr Anreiz oder Nutzen vorüber ist.

Lernen im Lebensraum bedeutet aber nicht die Einengung auf kommunale Themen. Das Spielzeug aus Hongkong kann zu einem Projekt über Neokolonialismus führen, das Hakenkreuz an der Hauswand zur Beschäftigung mit Faschismus reizen. Bezüge zum Lebensraum holen Themen aus ihrer Abstraktheit heraus, sie stärken die Betroffenheit, machen den Alltag wieder wichtiger und „politischer" und verdeutlichen, warum die Trennung zwischen eigenem Erlebnisbereich und „großer Politik" so künstlich ist.

Lernen im Alltag und Lernen in der Schule (Institution) bleiben nichts Gegensätzliches mehr. Der Lebensraum wird als etwas Eroberbares und Veränderbares erlebt. Soziale Beziehungen werden bewußt oder zufällig hergestellt und ermöglichen vielfältige Lernerfahrungen.

Im Gegensatz zu vielen institutionalisierten Lernformen, in denen die körperliche Aktivität kaum noch eine Rolle spielt, kann ein so verstandenes Projekt die körperliche Bewußtheit und Aktivität der Teilnehmer/innen, kurz ihre **Sinnlichkeit,** stark unterstützen und fördern. Dies schließt Bewegungsfreude und motorische Aktivität genauso ein wie den Ausdruck von Gefühlen (Freude, Traurigkeit und Zuneigung), das Durchbrechen von Berührungstabus, den Austausch von Zärtlichkeiten und andere körperliche Erlebnisse. Projekte erlauben lustbetonte Lernsituationen, können allerdings auch schnell durch Modetrends beeinflußt werden. Wo Sinnlichkeit Bestandteil von Lernsituationen ist, wird die Lernfreude erhöht.

Probleme stellen sich dort, wo Menschen davon berührt oder betroffen sind. Ob sie von den Betroffenen aufgegriffen und angegangen werden, hängt von deren Sozialisation und Interessen ab. Die persönliche Vergangenheit jedes einzelnen Menschen und die Bedingungen in seiner Lernumgebung bestimmen mit, welche Themen für Projekte vorgeschlagen und welche Ziele angegangen werden. Diese Form von **Interessengebundenheit** findet sich in allen gesellschaftlichen Bereichen wieder. Davon werden Forschungsaufträge genauso bestimmt wie die Methoden, mit denen diese erfüllt werden. Je nach Art der Interessengebundenheit wählen die Projektteilnehmer/innen die Methode aus, mit der sie Themen sammeln. Damit ist schon eine erste Vorentscheidung zur Wahl des Themenbereichs getroffen.

Projektschritt

4. Projektthemen sammeln

4.1. Jede Gruppe einigt sich auf eine/höchstens zwei Methode/n, mit denen sie Themen sammeln will.

K. 4.1.

Eine Schulklasse hatte Dutzende von Themen durch Erkundungen und Spaziergänge gesammelt.
Nach Abschluß des Projektes griff sie aber nicht auf die Sammlung zurück, um sich auf ein neues Thema zu einigen, sondern wollte die interessante Erfahrung der Themensammlung unbedingt wiederholen.

Methoden

Übungen

4.1.1. Spaziergang mit Kassettenrecorder
Die Gruppen gehen mit Kassettenrecorder spazieren, sehen sich die Umgebung an und formulieren mögliche Projektthemen auf die Kassette.
K. 4.1.

4.1.1.1. Umgang mit Kassettenrecorder
Nach Lernabschnitten geht eine Person mit Kassettenrecorder im Raum umher, nimmt auf, was die einzelnen gelernt haben. Zwischen den Wortbeiträgen wird der Recorder auf Pause gestellt.

4.1.1.2. Vorführ-Kassette
Bei einem Spaziergang haben die Beteiligten auf Kassette formuliert: „Ich sehe viele Fenster ohne Gardinen, dazu fällt mir das Thema Wohnungsmangel ein." Die Aufnahme wird vorgespielt. Zur Übung sehen sich die Anwesenden den Raum an und formulieren wie oben.

4.1.2. Zeitungen/Zeitschriften
Die Gruppen blättern in Zeitungen und Zeitschriften und schreiben Projektthemen auf, die ihnen einfallen.
K. 4.1.

4.1.2.1. Zeitungsständer
Im Raum werden von Zeit zu Zeit unterschiedliche Zeitungen und Zeitschriften ausgelegt. Themen und Schwerpunkte, die beim Lesen und Durchstöbern auf Interesse stoßen, können auf eine eigens dafür bestimmte Wandzeitung geschrieben werden.

4.1.3. Tagesablauf
Jedes Gruppenmitglied erzählt der Reihe nach anhand von Stichwörtern, was am vorherigen Tag alles passiert ist. Wenn den Projektteilnehmern/innen dabei Projektthemen einfallen, werden diese notiert.
K. 4.1.

4.1.3.1. Filmauswertung
Der Film FWU 32 20 10 „Kennzeichen Luftballon: Analyse eines Verkehrsunfalls" wird unter der Fragestellung ausgewertet: Welche Themen sollten im Verkehrsunterricht behandelt werden?

4.1.4. Ärger – Freude oder Betroffenheit
Die Mitglieder der Gruppe erzählen reihum anhand verschiedener Fragen, was sie in der letzten Woche erlebt haben. Wenn den Zuhörern/innen dabei Projektthemen einfallen, werden diese notiert.
K. 4.1.

4.1.4.1. Kummerschwein / Kummerkasten
Ins Kummerschwein (-kasten) können laufend Zettel geworfen werden, auf denen Ärger, Freude oder Probleme vermerkt sind. Diese werden regelmäßig veröffentlicht und unter gemeinsam formulierten Fragestellungen diskutiert.

4. Projektthemen sammeln

Gesellschaftspolitischer Bezug

Projektschritt

Sonstige Projektkriterien:
Motivation (Kap. 2, 13)

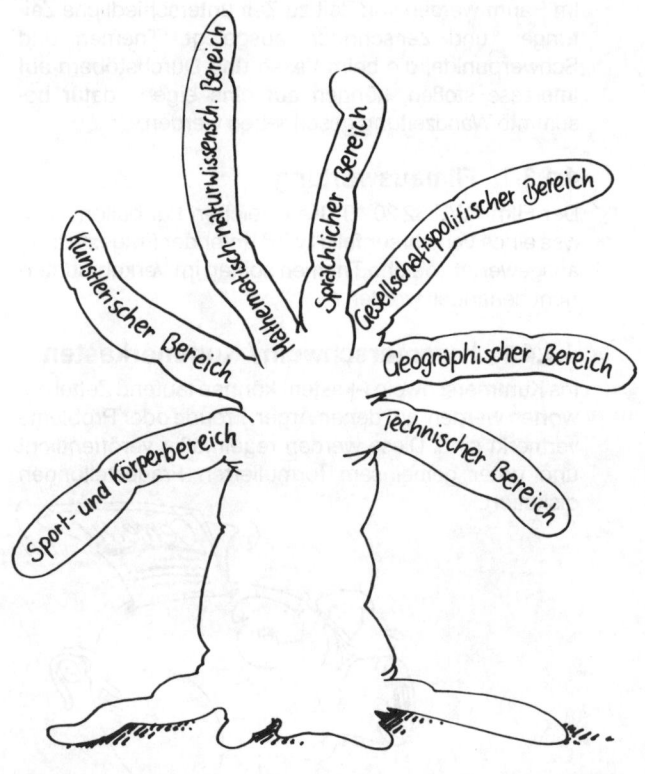

4.2. Die Gruppen sammeln Themen mit ihrer gewählten Methode.

4.3. Jedes Thema, das durch eine (die gleiche) Methode gefunden wurde, wird auf eine Karte mit gleicher Farbe geschrieben.

4.4. Die Themen werden an einen Projektbaum gehängt, der in folgende Sachbereiche (Äste) gegliedert ist:

- Sport- und Körperbereich
- Künstlerischer Bereich
- Mathematisch-naturwissenschaftlicher Bereich
- Sprachlicher Bereich
- Gesellschaftspolitischer Bereich
- Geographischer Bereich
- Technischer Bereich

K. 4.4.

Methoden

4.1.5. Assoziationen
Von vorgegebenen Stichworten wählt die Gruppe eins aus und bildet dazu (spontan und unzensiert) eine Assoziationskette. Alle Projektthemen, die den Zuhörern/innen beim anschließenden Verlesen der Ketten einfallen, werden notiert.

K. 4.1.

4.1.6. Brennpunkt
Projektthemen, die aus einem gemeinsamen Problem heraus entstehen und allen oder einzelnen „unter den Nägeln brennen", sind in der Regel solche, die dem Projektgedanken und seinen Zielen am nächsten kommen. Die Gruppe sollte überprüfen, ob sie es vermeidet, sich gerade mit einem solchen Problem auseinanderzusetzen, weil es ihr zu unangenehm ist oder die Lösung zu schwierig erscheint.

K. 4.1.

Zu Beginn eines Projekttrainings lagen in den Tagungsräumen (mit der Hausleitung abgesprochene, vorgetäuschte) Hausordnungen aus. Danach war es z. B. den Kindern verboten, auf den Fluren zu laufen; ab 22.00 Uhr sollte auch für Erwachsene Nachtruhe sein.
Niemand der Teilnehmer/innen nahm die autoritäre Hausordnung zum Anlaß, ihre Veränderung als Projektthema vorzuschlagen. Individuelle Mißachtung war die weitestgehende Reaktion auf diese Provokation.

Übungen

4.1.5.1. Lexikon-Stichwort
Ausgehend von einem Stichwort werden im Lexikon Querverweise verfolgt und diese als Kette notiert.

4.1.5.2. Wortkette
Beginnend mit einem zusammengesetzten Substantiv (z. B. Gartenhaus) wird ein Wort gesucht, welches mit dem zweiten Bestandteil des vorherigen Wortes beginnt (z. B. Haustier). Nach diesem Verfahren wird eine gemeinsame Wortkette gebildet.

4.1.6.1. Wandzeitung
Tauchen in der Gruppe Probleme oder Konflikte auf, die nicht sofort oder schnell gelöst werden können, so werden diese in der Form von Projektthemen auf eine eigens dafür bestimmte Wandzeitung geschrieben.

Gesellschaftspolitischer Bezug

Projektschritt

4.5. In einer gemeinsamen Reflexion werden Antworten auf folgende Fragen gesucht:
- Zu welchen Bereichen wurden keine oder nur wenige Themen gefunden?
- Gibt es Zusammenhänge zwischen der angewandten Methode und der Anzahl (und der Qualität) der gefundenen Themen? (vgl. 4.3.)
- Welche Konsequenzen ergeben sich für eine zukünftige Themensammlung?

Methoden

4.5.1. Sprechball

In Gruppen ist der Sprechball (oder ein anderer weicher Gegenstand aus Schaumgummi oder ähnlichem) eine gute Möglichkeit,

- allen sichtbar zu machen, wer spricht,
- allen auch sichtbar zu machen, wer gerade spricht, ohne dran zu sein,
- dem/der Redenden die Möglichkeit zu geben, zu Ende zu reden, da nur er/sie bestimmt, wann der/die nächste reden kann, indem er/sie den Ball weitergibt,
- auch diejenigen ins Gespräch einzubeziehen, die sich nicht melden; sie bekommen den Ball zugeworfen mit der Frage, wie ihre Meinung dazu ist; wollen sie nichts dazu sagen, werfen sie den Ball wortlos weiter,
- nicht unbedingt in der Reihenfolge der Meldungen vorzugehen, sondern je nach Gesprächsverlauf auch andere eher dranzunehmen (Achtung! Diese Methode birgt auch die Gefahr in sich, daß bestimmte Personen übergangen werden, indem sie einfach nicht den Ball bekommen).

Übungen

4.5.1.1. Sprechball

Gruppen, die darauf aus sind, ohne Gesprächsleitung auszukommen, haben oft das Problem, daß besonders bei hitzigen Gesprächen sich diejenigen durchsetzen, die besonders schnell mit ihren Redebeiträgen sind und dabei andere sogar unterbrechen. Leute, die zurückhaltender sind oder nicht ins Wort fallen wollen, kommen dabei immer zu kurz und werden frustriert. Um dieses zu verhindern, kann der Sprechball in allen Klein- und Großgruppengesprächen eingesetzt werden.

5. Projektthema entscheiden

Gruppen, die als „Bezugsgruppen" arbeiten, lösen sich nicht auf, wenn sie ihre kurzfristigen Ziele erreicht haben. Sie verstehen ihre gemachten Erfahrungen als Grundlage dafür, weitere gemeinsame Probleme zu erkennen und sich auf ein neues Thema zu einigen. Entscheidungskompetenz, Konfliktfähigkeit und der Umgang mit Gruppenprozessen werden als kollektive Lernchancen genutzt.

Gesellschaftspolitischer Bezug

Nach der Diktatur eines einzelnen wurde bei uns das „Sakrament" des Mehrheitsprinzips wieder eingeführt, dessen Hinterfragung oft wütende Angriffe und Diffamierungen mit sich bringt. Trotzdem: Sind Mehrheiten der Wahrheit näher als Minderheiten? Wäre es nicht noch effektiver, ein Komitee von Technokraten oder einen einzelnen entscheiden zu lassen? Ist die Herrschaft vieler so grundlegend besser als die Herrschaft eines einzelnen?

Ausgehend vom Prinzip der Selbstbestimmung gibt es keinen Grund, die Übereinstimmung (den Konsens) in überschaubaren, autonomen Gruppen nicht als Entscheidungsprinzip anzuwenden. Probleme, die dabei auftreten, kommen fast alle bei anderen Entscheidungsformen ebenfalls vor. Die Überlegenheit des Konsens besteht darin, daß er die Rechte der Minderheit schützt und daher moralisch höherwertig ist.

Projektlernen sollte deshalb vor allem die **Entscheidungsfähigkeit** in bezug auf den Konsens fördern. Langwierige Verfahren sind dann eher ein Hinweis auf noch mangelnde Fähigkeiten der Gruppenmitglieder oder weit auseinanderliegende Interessen, die jedoch durch andere Entscheidungsverfahren übertüncht und nicht bearbeitet würden. Weniger wichtige Beschlüsse können selbstverständlich auch durch Mehrheitsabstimmungen getroffen werden. Wenn nur **ein** Gruppenmitglied vor der Entscheidung den Konsens verlangt, sollte es für eine basisdemokratische Gruppe jedoch eine Selbstverständlichkeit sein, dies zu akzeptieren und danach zu handeln.

Entscheidungssituationen beeinflussen den **Gruppenprozeß** beim Projektlernen sehr stark. Die soziale Gruppe ist für das Gruppenmitglied sowohl Trägerin von überlieferter „Kultur" als auch konkrete Situation, die vom Individuum subjektiv erfahren und gestaltet wird. Insofern haben Entscheidungen vielfältige Hintergründe und beeinflussen auch die darauf folgenden Prozesse: Autoritätsfixierungen, Angstabbau, Vertrauensbildung, Selbstorganisation, Konfliktregelungen, Interessenartikulation, Selbstreflexion, Interaktion, Emotionalität, Lernbereitschaft, Lernintensität, Bezüge zur Umgebung.

Der gerade bei Konsensentscheidungen verdichtete Kommunikationsprozeß in Gruppen ermöglicht kollektive Lernprozesse mit Einsichten in eigenes und fremdes Denken, in gesellschaftspolitische und ökonomische Bezüge. Diejenigen, die dies als „ätzend" und ineffektiv beschreiben, erkennen nicht die gebotenen Chancen oder wollen sie nicht nutzen.

Das gleiche gilt für die **Konfliktfähigkeit.** In Projekten gibt es zahlenmäßig nicht mehr Konflikte als bei autoritär strukturiertem Lernen, nur werden sie bei Letzterem mehr unterdrückt und kommen an anderen Stellen zum

Projektschritt

5. Projektthema entscheiden

5.1. Jedes Gruppenmitglied wählt zwei Themen aus, die den eigenen Interessen und Bedürfnissen am ehesten entsprechen.
K. 5.

5.2. Zu den zwei Themen werden je drei Handlungsziele überlegt, wodurch die Themen auf ihre Eignung hin überprüft werden.
K. 5.

Beispiel:
Thema: „Müllverwertung"
Wir wollen
1. *herausbekommen,* wem die Glascontainer gehören,
2. *ausprobieren,* wieviel Altpapier in einer Woche in einem Hochhaus gesammelt werden kann,
3. kommunale Wiederverwertungskonzepte *vergleichen (tun).*

5.3. Durch Stellungnahmen einiger Personen zu den Themen wird überprüft, wie Mitmenschen über die Themen denken.
K. 5.

Methoden

5.1.1. Themen-Karten
Die Gruppenmitglieder schauen sich die am Projektbaum hängenden Themenkarten (vgl. 4.3.) an und wählen zwei Themen aus, für die sie sich interessieren. Diese Themen werden auf je eine Karte geschrieben.

K. 5.

5.2.1. Ziel-Test
Je drei Handlungsziele werden auf die Karte unter das entsprechende Thema geschrieben. Ein Thema sollte nicht als Projektthema bearbeitet werden, wenn jemand nicht mindestens drei Ziele findet; dies wäre nämlich ein Hinweis darauf, daß das Thema zuwenig ergiebig ist oder zu eingeschränkt bearbeitet werden soll.

K. 5.

5.3.1. Nachbarschafts-Test
Menschen aus dem Lebenszusammenhang (Eltern, Freunde/innen, Kollegen/innen, Nachbarn/innen) werden befragt, was ihnen einfällt, wenn sie das Thema hören. Deren Bezüge können das eigene Interesse am Thema erweitern, vertiefen oder auch in Frage stellen. Zur späteren Ergänzung der Handlungsziele (vgl. Kap. 7.) empfiehlt es sich, die Antworten der „Nachbarn" in Stichworten oder auf Kassette festzuhalten.

K. 5.

Übungen

5.2.1.1. Ich will . . .
Ideensammlungen für Vorhaben, Erkundungen, Fahrten usw. können grundsätzlich in Satz-Form und mit dem Satz-Beginn „Ich will . . ." formuliert werden.

5.2.1.2. Ich-Botschaften
In Gesprächen, die Probleme klären oder Konflikte regeln sollen, können die Beteiligten grundsätzlich mit Ich-Botschaften beginnen (vgl. Gordon: Lehrer-Schüler-Konferenz). Sie sollen dabei aufrichtig sein, Empfindungen über sich selbst mitteilen und dem Gegenüber zutrauen, auf konstruktive Weise mit der Situation fertig zu werden.

5.3.1.1. Wortspiel
Auf ein Thema/Stichwort hin sollen die Beteiligten einzeln oder als Gruppe in einer begrenzten Zeit soviele Begriffe wie möglich nennen, die mit dem Thema/Stichwort in irgendeiner Weise zu tun haben.
Gewonnen hat die Person oder Gruppe, die die meisten Wörter vorweisen kann.

5.3.1.2. Wortspinne
In jeder Gruppe ist eine Person mit allen anderen, dicht um sie herumstehenden Gruppenmitgliedern durch Fäden verbunden. Die Spielleiterin ruft ein Thema (z. B. Pferd). Fällt Person A ein Wort ein, das zum Thema gehört, nennt sie es der Zentrums-Person (z. B. Stall, Reitstunde, Westernfilme, Pferdefleisch). Versteht diese den Zusammenhang, so nickt sie; A läuft von der Zentrums-Person weg, bis der Faden spannt. Sind alle Fäden der Gruppe gespannt, ruft die Gruppe laut „Spinne" (die Übung ist auch als Gruppenwettbewerb möglich).

Gesellschaftspolitischer Bezug

Durchbruch. Projektlernen erfordert von allen das Bemühen, konstruktiv mit Konflikten umzugehen. Aggressionen, die zum menschlichen Leben gehören, müssen Teil eines emanzipatorischen Verhaltens werden. Der gewaltfreie Umgang mit Konflikten, der Versuch, den Gegner nicht zu verletzen und doch mit ihm streiten zu können, ist zur Verwirklichung menschenwürdiger gesellschaftlicher Verhältnisse nötig. Eine Gruppe, die diese Fähigkeit einzelner in einer gemeinsamen Projekt-Strategie zur Veränderung der Umwelt umsetzen kann, wird sich selbst so reichlich belohnen, daß sie immer wieder neue Betätigungsfelder suchen wird.

Sonstige Projektkriterien:
Selbstbestimmung (Kap. 7, 14)
Kollektiv Lehrender und Lernender (Kap. 3, 17)
Herrschaftslosigkeit (Kap. 10, 15)
Interessengebundenheit (Kap. 4)

Projektschritt

Es war der Teufel los:

In Schülerversammlungen, Schulkonferenz und Lehrerkonferenz wurde heftig darüber gestritten, ob die Klassen für eine Projektwoche aufgelöst werden sollten oder nicht. Eine „heilige Kuh" war angetastet worden: die individualistische freie Themenwahl in einer Woche pro Jahr sollte eingetauscht werden gegen den Versuch, sich mit bestehenden Gruppen auf ein Thema zu einigen (Konsens) und Projektunterricht auf diese Art intensiver und häufiger möglich zu machen.
Der Konflikt endete mit der Bereitschaft der Kinder, das Konsens-Experiment zu wagen, und der Weigerung der Jugendlichen, ihre Schein-Freiheit aufzugeben.

5.4. Die Gruppenmitglieder informieren sich gegenseitig über gewählte Themen und gefundene Handlungsziele. K. 5.

5.5. Die Gruppe beschäftigt sich mit Themen, die *nicht* von allen als interessant empfunden werden, und versucht, Interessen zu entdecken. K. 5.

Der 11-jährige Tom hatte für sich das Thema „Sex" entschieden und Handlungsziele formuliert. Seine Absicht war, anwesende Mädchen für seine Phantasien zu benutzen, die eigene Person aber herauszuhalten. Die Forderung an ihn, eigene Interessen klar zu formulieren, führte dann dazu, daß er das Thema wieder zurückzog.

Methoden

Übungen

5.3.1.3. Pustebilder
Eine leicht fließbare Farbe wird in eine Plakatmitte geschüttet, woraufhin die um das Plakat verteilte Gruppe pustet, so daß viele Farbverläufe entstehen.
In den Farbklecks in der Mitte wird ein Thema geschrieben. Ans Ende eines jeden Farbverlaufs kommt je ein Begriff, der der Gruppe einfällt und der einen Bezug zum Thema hat.

5.4.1. Verstehen
In der Kleingruppe werden die gewählten Themen mit den gefundenen Handlungszielen vorgetragen. Nach jedem Handlungsziel erfolgt eine Nachdenk-Pause, um Gelegenheit zum Verstehen und Nachfragen zu geben. Es soll auf keinen Fall diskutiert werden! K. 5.

5.4.1.1. Kontrollierter Dialog
(vgl. 1.2.1.1.)

5.4.1.2. Aktives Zuhören
In Dreier-Gruppen werden die Funktionen „Sprecherin, Zuhörer und Beobachterin" verteilt. Die Sprecherin wählt ein Thema, das ihr persönlich wichtig ist (z. B. was sie stört, glücklich macht, ärgert; ein Problem, einen Konflikt). Sie redet über ihre Gefühle, Gedanken und Fakten. Der Zuhörer gibt zwischendurch immer wieder eine verbale „Rückmeldung": er wiederholt Fakten so, wie er sie verstanden hat und „entschlüsselt" die Botschaft der Sprecherin da, wo sie „verschlüsselt" ist.

Beispiel:
Sprecherin: „Da floß viel Blut."
Zuhörer: „Du warst bei dem vielen Blut ganz erschrokken."
Ist die Entschlüsselung falsch, wird die Sprecherin sie von sich aus richtigstellen.
Die Beobachterin achtet auf die Einhaltung der Regeln. Verbesserungsvorschläge sollte sie aber erst am Ende des Gesprächs geben (vgl. Gordon: Lehrer-Schüler-Konferenz).

5.5.1. Interessen erkennen
Möchte ein Gruppenmitglied ein Thema nicht bearbeiten, so überlegt es Handlungsziele, durch die das Thema doch interessant würde, und fragt die anderen, ob diese Ziele zum Thema gehören (wenn ja, werden sie auf die Themenkarte geschrieben).
Umgekehrt sollen auch diejenigen Vorschläge machen und Ziele nennen, deren Themen von anderen als uninteressant empfunden werden. K. 5.

5.5.1.1. Rollentausch
Konfliktpartner/innen in einem Entscheidungskonflikt tauschen ihre „Rollen" und versuchen, die Position des/der Partners/in zu vertreten.
In der Auswertung können Argumente des/der Konfliktpartners/in als eigene übernommen oder auch als nicht zutreffend abgelehnt werden.

5.5.1.2. Konflikterhellung
Verharrt eine Person in einem Konflikt in gleichbleibender Ablehnung, so kann sie mit einer Person des Vertrauens über die eigenen Hintergründe nachdenken

5. Projektthema entscheiden

Gesellschaftspolitischer Bezug

Projektschritt

5.6. Themen, bei denen ein/mehrere Gruppenmitglied/er auf keinen Fall mitarbeiten würde/n, werden aussortiert. Übrig bleiben Themen, die von allen (mehr oder weniger begeistert) akzeptiert werden. K. 5.

5.7. Die Großgruppe einigt sich auf eins der Themen, das von allen Kleingruppen vorgeschlagen wurde. K. 5.

Methoden

5.6.1. Gruppen-Konsens
Gruppenmitglieder, die jetzt noch ein Thema nennen können, das für sie völlig uninteressant oder inakzeptabel ist, sagen und begründen dies. Die Gruppe hat noch einmal Gelegenheit, sie vom Gegenteil zu überzeugen. Gelingt dies nicht, wird das Thema gestrichen.
Für alle übrigen Themen besteht Gruppen-Konsens.
K. 5.

5.6.2. Stufen der Konfliktregelung   K. 5.6.2.

5.6.3. Damenbild   K. 5.6.3.

5.6.4. Tod der Ratte   K. 5.6.4.

5.7.1. Großgruppen-Wahl
Gleiche oder ähnliche Themen der Kleingruppen werden untereinander gehängt. Sind es mehrere, so kann die Auswahl erfolgen durch

- eine relative Mehrheitsabstimmung (jede/r hat bei jedem Thema eine Stimme; das Thema mit den meisten Stimmen wird zum Projektthema)
- Losen
- Würfeln
- eine Mehrheitsabstimmung (jede/r hat nur eine Stimme).

Gibt es kein gemeinsames Thema der Kleingruppen, so nimmt jede Gruppe die Themenkarten der anderen Gruppen und ergänzt deren Handlungsziele, so daß diese Themen akzeptabel werden. Für diese weiteren (Konsens-)Themen wird je eine neue Karte ausgefüllt und unter die Themenkarten der eigenen Gruppe gehängt.
Anschließend ein Entscheidungsverfahren wie oben.
K. 5.

Übungen

(empfehlenswert: Aktives Zuhören, vgl. 5.4.1.2.).
Sie sollte auch Vorschläge für Konfliktregelungen überlegen, die sie wünscht, und diese schriftlich festhalten.

5.6.1.1. Eselspiel
Es werden „Esel" entsprechend der Anzahl der Gruppen ausgewählt, die durch eine über die Schultern geworfene Decke und eine gebückte Haltung erkennbar sein sollen. Den „Eseln" wird heimlich mitgeteilt, daß sie sich nur auf gute Worte, Streicheln u. ä. hin fortbewegen sollen.
Die Gruppen erhalten wortlos „Knüppel" (aus zusammengerolltem Zeitungspapier) und die Aufgabe, auf ein Zeichen hin ihren Esel möglichst schnell bis zu einer Ziellinie zu bringen (Tragen ist nicht erlaubt).
Auswertung: Sogar Esel reagieren auf Gewalt und Zwang störrisch, wieviel mehr noch tun das Menschen. Überzeugen durch Herausfinden der Wünsche des Betroffenen bringt allen Beteiligten mehr.

5.7.1.1. Entscheidungsformen
Die Gruppe beschäftigt sich erst theoretisch, anschließend über längere Zeit praktisch (handlungsorientiert) mit verschiedenen Entscheidungsformen:

- Mehrheitsentscheidung
- Relative Mehrheitsentscheidung
- Delegiertenentscheidung
- Konsensentscheidung.

Bei allen Entscheidungsformen sollte davon ausgegangen werden, daß nur die Betroffenen mitentscheiden.
K. 5.7.1.1.

5.7.1.2. Eins-zwei-vier
Nachdem eine Gruppe zu einem Problem oder Vorhaben viele Vorschläge gesammelt hat, die sich nicht unbedingt ausschließen,

- sucht jede/r einzeln zwei Vorschläge, die am meisten überzeugen
- bilden sich Paare, die sich auf zwei ihrer vier Vorschläge einigen
- bilden sich aus den Paaren Vierergruppen, die sich auf zwei ihrer vier Vorschläge einigen.

5.7.1.3. Stufen der Entscheidungsfindung
K. 5.7.1.3.

5.7.1.4. Konfliktarten
Entscheidungen können durch verschiedene Konfliktarten beeinflußt werden, ohne daß dies bewußt oder offen gesagt wird.
Zur Verdeutlichung dessen ist eine Analyse des Films „Die 12 Geschworenen" höchst interessant.   K. 5.7.1.4.

5.7.1.5. Murmeln-Konsens   K. 5.7.1.5.

6. Mitarbeiter/innen werben

Projekte sind nichts für Leute, die nur *Projektleiter/in* sein und bleiben wollen. Werden Mitarbeiter/innen bewußt geworden und einbezogen, so kann Lernen in einem anderen Lebenszusammenhang und mit zusätzlichen Kompetenzen stattfinden.

Gesellschaftspolitischer Bezug

Projektschritt

6. Mitarbeiter/innen werben

6.1. Die Gruppenmitglieder klären untereinander ab, was ein/e Mitarbeiter/in ist. Sie unterscheiden klar zwischen Mitarbeiter/in (mit Mitgliedschaft in der Gruppe) und zu befragendem/r Experten/in.

„Hat denn Lernen überhaupt einen Sinn? Wir schuften und schuften und was kriegen wir dafür?" Oft genug scheint gerade institutionalisiertes Lernen nur durch versprochene Schulabschlüsse sinnvoll zu sein; wenn sogar diese durch Arbeitslosigkeit in Frage gestellt werden, so platzt die Lernmotivation wie eine Seifenblase. Mitarbeit in Projekten kann das Lernen wieder in einen **Lebenszusammenhang** stellen.

Gemeinsames Tun, gemeinsame Erfahrungen eröffnen gemeinsame Lernchancen. Gerade Eltern, Großeltern, Geschwister, Nachbarn, Altenheim-Bewohner, Rentner, Arbeitslose, Studenten, Hausfrauen und Hausmänner, die immer öfter daran gehindert werden, als handelnde Subjekte in Erscheinung zu treten, und deren **Kompetenzen** brachliegen und verkümmern, könnten so wieder „Abnehmer" finden. Wichtig sind nicht nur ihre fachlichen Kompetenzen, sondern auch ihre Alltagserfahrungen. Künstlich aufgebaute Grenzen zwischen Jungen und Alten, zwischen Arbeitern und Angestellten, zwischen Beschäftigten und Arbeitslosen, zwischen Deutschen und Ausländern, zwischen Lernenden und „Ausgelernten" können durch persönliche Kontakte unwichtig und vielleicht sogar aufgehoben werden.

Wenn Leute aus der Nachbarschaft, aus dem Stadtteil für eine Mitarbeit als Projektteilnehmer/innen geworben werden, so geben sie Lernerfahrungen weiter und nehmen neue Lernerfahrungen an.

6.2. Leute aus dem Umfeld, die für eine Projektmitarbeit in Frage kommen, werden benannt.

Sonstige Projektkriterien:
Lernen im Lebensraum (Kap. 4, 16)
Kleine Netze (Kap. 2, 16)

Methoden

Übungen

6.1.1. Mitarbeiter-Definition
Jemand definiert, daß als „Mitarbeiter/in" bezeichnet wird, wer bis zum Ende des Projektes mitarbeitet.

6.1.2. Mitarbeiter-Beschreibung
In einem Quiz stellt der Quizmaster eine Frage und nennt vier Antworten. Eine davon ist falsch, welche?

a) Wer gehört zu den Mitarbeitern eines Geschäfts?
- die Verkäuferin
- der Kassierer
- der Kunde
- der Geschäftsleiter

b) Wer gehört zu den Mitarbeitern einer Zeitung?
- die Redakteurin
- der Drucker
- der Abteilungsleiter
- der Aktienbesitzer

c) Wer gehört zu den Mitarbeitern einer Schule?
- der Hausmeister
- die Schüler
- der Schulrat
- die Lehrerin

6.1.2.1. Firmen-Berufe
Jede Gruppe interviewt jemanden aus einer von ihr ausgewählten Firma und notiert, welche Berufe es in der Firma gibt.
Sie ergänzt die Liste mit einigen Berufen, die in der Firma nicht vorkommen.
Die anderen Gruppen müssen herausfinden, welche der angegebenen Berufe „falsch" sind.

6.1.2.2. Tätigkeiten-Quiz
Eine Tätigkeit wird beschrieben (oder vorgespielt), z. B. Protokoll führen, Hausmeister sein, Diskussion leiten. Wer ruft zuerst den Namen (die Funktion), z. B. Protokollführer, Hausmeister, Diskussionsleiterin?

6.2.1. Mitarbeiter-Netz
Alle malen ein Spinnen-Netz auf je ein Blatt (alternativ: auf ein Plakat). In dieses werden Personengruppen hineingeschrieben, die für das Projekt „gefangen" (geworben) werden könnten.

6.2.2. Mitarbeiter-Kartei
Personen, die für eine kontinuierliche Mitarbeit bei Projekten in Frage kommen, weil sie über viel Freizeit oder selbstbestimmte Zeit verfügen und Interesse an der Projektgruppe haben, werden mit ihren Adressen in einer Mitarbeiter-Kartei für Anschreiben und Besuche festgehalten (z. B. Eltern, Großeltern, Geschwister, Nachbarn/innen, Freunde/innen, Altenheim-Bewohner/innen, Rentner/innen, Arbeitslose, Studenten/innen, usw.).

6.2.2.1. Spielausleihe-Kartei
Um die Technik des Karteiführens einzuüben, werden auf je einer Karteikarte Spiele von Gruppenmitgliedern notiert, die von anderen ausgeliehen werden können.
Die Karten müssen alphabetisch geordnet sein, um sie schneller wiederfinden zu können.

6. Mitarbeiter/innen werben

Gesellschaftspolitischer Bezug

Projektschritt

6.3. Die Gruppenmitglieder werben Mitarbeiter/innen und klären ab, was unter Mitarbeit verstanden wird.

Methoden

Kartei-Vorhang:

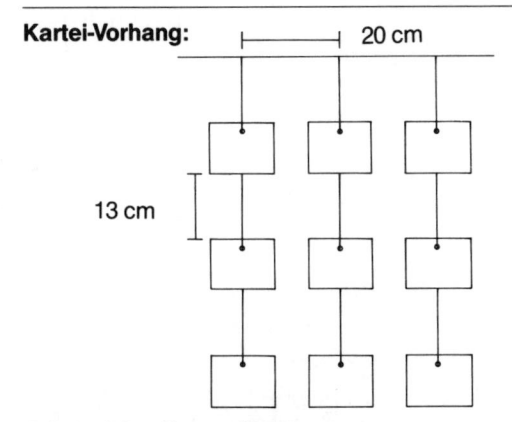

6.3.1. Idealisten-Tour

Personen, die als mögliche Mitarbeiter/innen genannt worden sind, werden von einzelnen oder von zweien besucht. Ihnen wird erklärt, was bisher gemacht wurde und daß sie als Mitarbeiter/in vorgeschlagen wurden. Es sollte deutlich gemacht werden, daß dabei auf ihren Idealismus bezüglich des Themas oder der Gruppe gehofft wurde.

Übungen

6.2.2.2. Kartei-Vorhang

Mehrere Kordeln werden im Abstand von etwa 20 cm nahe an einer Wand nebeneinander an die Decke gehängt. In die Kordeln werden im Abstand von etwa 13 cm kleine Knoten gemacht.
Karteikarten werden oben in der Mitte gelocht: sie können jetzt auf die Knoten gesteckt und jederzeit wieder abgenommen werden.
Auf die oberste Karte wird ein Gegenstand geschrieben, der öfters ausgeliehen werden muß (z. B. Schreibmaschine, Kassettenrecorder...). Auf den darunterhängenden Karten stehen die Adressen von Personen, die diese Geräte ausleihen.

6.3.1.1. Test-Tour

Bekannten (Eltern, Freunden, Geschwistern...) wird erzählt, welches Projekt gemacht werden soll und was bisher dazu gemacht wurde. Sie werden befragt, wer als Mitarbeiter/in in Frage kommt.

6.3.1.2. Überzeugen

Wenn Aktivitäten der Gruppe anstehen, die vorbereitet werden müssen (Gruppentreffen, Fest, Besichtigung, Fahrt,...), werden Interessenten an der Vorbereitung bewußt vor die Aufgabe gestellt, andere aus der Gruppe für eine Mitarbeit zu werben. Die Art der Werbung wird anschließend gemeinsam reflektiert (Was war gut daran? Was überzeugte? Was ging mehr ins Überreden? Wie kann es besser gemacht werden?).

7. Handlungsziele erarbeiten

Projekte beinhalten, ein gemeinsam gesetztes Gesamtziel (Richtziel) zu erreichen, das heißt: auf ein „vorzeigbares" Ergebnis hinzuarbeiten. Um dort anzukommen, müssen kleine Schritte, sogenannte Handlungsziele, angestrebt werden. Erst die Summe der erreichten Handlungsziele ergibt die Möglichkeit einer Präsentation, Aktion oder Verhaltensänderung (entsprechend dem Richtziel).

Gesellschaftspolitischer Bezug

Projektschritt

In der Institution Schule bestimmen Lehrpläne, was wie, wann und wo gelernt werden soll und muß. Lehrer/innen und Schüler/innen sind gehorchende und verwaltete Wesen, die sich der Kultusministerbürokratie unterwerfen.

Darüberhinaus sind fast alle institutionalisierten Lernformen geprägt von einem Rollenverständnis von Lehrenden als Planungsinstanz und Informationsquelle sowie einer allein vom Lehrenden abverlangten fachwissenschaftlich orientierten Sachanalyse. In der Regel sind Äußerungen der Lernenden Reaktionen auf Aktivitäten der Lehrenden; selbständige Versuche, Lernformen und -inhalte mitzubestimmen bzw. selbst einzubringen, sind die Ausnahme. Die häufig damit verbundenen überwiegend autoritären Formen von Unterricht und Erziehung wurden in den siebziger Jahren in Zusammenhang mit der Studentenbewegung stark kritisiert. Forderungen nach Selbständigkeit, Kritikfähigkeit wurden laut und als entscheidende Voraussetzungen betrachtet, bestehende Verhältnisse zu verändern.

Projektlernen hat das Ziel, durch Selbstorganisation der Gruppe die **Selbstbestimmung** des einzelnen zu fördern. Dazu ist es notwendig, daß das Projekt von Anfang bis Ende in allen Phasen durch die Projektgruppe bestimmt wird. Die Gruppe legt also Inhalt, Ziel und Ablauf des Projekts fest, trifft Vereinbarungen über Zeitlimits, Verfahrensregeln, vernünftiges Argumentieren, Umgang miteinander und bewertet anhand des Ergebnisses ihre Leistung selbst.

7. Handlungsziele erarbeiten

7.1. Jede Gruppe einigt sich auf eine Methode, mit der sie Handlungsziele aufstellen will. K. 7.1.

Schon vor Jahren erhoben Vertreter aus Industrie und Wirtschaft die Forderung nach „projektorientiertem Lernen", welches Mobilität, Variabilität, Überschreiten von Denkgrenzen, Initiative und selbständige Planung fördert. Es konnte und kann aber nicht in ihrem Interesse liegen, daß alle Heranwachsenden lernen, Zusammenhänge zu durchschauen, sowie initiativ, kreativ und selbständig zu werden; wird doch für minderwertige Arbeiten weiterhin eine wachsende Anzahl von Menschen benötigt, die gehorchen, funktionieren und vielfältige Bezüge nicht sehen.

Projektlernen ist – ganz im Gegensatz zu den Interessen etwa von Industrie und Wirtschaft – am Wohl des Menschen und nicht an Profit orientiert. Alle und nicht nur (zukünftige) Führungskräfte sollen die Möglichkeit haben, **komplexe Zusammenhänge** zu durchschauen. Projektlernen bietet Übungsfelder, damit umzugehen und dabei die Angst vor „Fachidioten" abzubauen. So kann z. B. das Zusammenspiel von „Hand- und Kopfarbeit" als wichtiger Bestandteil erlebt werden, um ein gestecktes Ziel zu erreichen. Menschen, die für sich gegenseitige Anerkennung, Solidarität und wechselnde Aufgabenteilung anstreben, werden deren Trennung und unterschiedliche gesellschaftliche Bewertung auch in anderen Bereichen eher ablehnen.

Methoden

7.1.1. Interview
Die Gruppen teilen sich in Paare auf; diese gehen jeweils mit Kassettenrecorder oder Schreibzeug in den Stadtteil (Ort) und befragen Passanten zum Thema.

K. 7.1.

7.1.2. Erzählkette
Die Gruppenmitglieder erzählen zum Thema eine Phantasiegeschichte, die auch Wirklichkeit sein könnte, und nehmen diese auf Kassettenrecorder auf.

K. 7.1.

7.1.3. Telefonumfrage
Die Gruppen suchen im Telefon-Branchenverzeichnis im Hinblick auf ihr Thema nach geeigneten Personen oder Firmen, die ihnen Informationen geben könnten, notieren deren Nummern, telefonieren und befragen die Personen am anderen Ende der Leitung zum Thema. Die Antworten werden in Stichworten notiert.

K. 7.1.

Übungen

7.1.1.1. Loben-Interview
Von Zeit zu Zeit werden kleine Interviews zum Thema „Loben" durchgeführt unter folgender Fragestellung:
- Wann bist du das letzte Mal gelobt worden?
- Warum wurdest du gelobt?
- Wofür möchtest du gerne gelobt werden?
- Wie fühlst du dich, wenn du selten oder nie gelobt wirst?

7.1.2.1. Geschichten erfinden
Im Kreis sitzend beginnt jemand mit einer zu erfindenden Geschichte, indem er/sie den ersten Satz sagt.
Der/die jeweilige Nachbar/in im Uhrzeigersinn fügt nur einen weiteren Satz hinzu, so daß eine zusammenhängende Geschichte entsteht.

7.1.3.1. Expertenliste
Immer, wenn ein Problem oder eine Frage ansteht, wird gemeinsam überlegt, wer bei der Lösung Hilfestellung leisten könnte.

7.1.3.2. Gesprächspartner
Zu verschiedenen Situationen aus dem Alltag werden kleine Dialoge entworfen.
Die Gesprächssituationen werden szenisch dargestellt und unter der Fragestellung ausgewertet: Welchen Einfluß hat die Beziehung der Gesprächspartner auf den vorliegenden Sachverhalt?

Gesellschaftspolitischer Bezug

Projektschritt

Sonstige Projektkriterien:
Zielgerichtetes Lernen (Kap. 15)
Lernintensität (Kap. 1, 16)
Motivation (Kap. 2, 13)
Heterogenität (Kap. 2, 18)
Kollektiv Lehrender und Lernender (Kap. 3, 17)
Lernen im Lebensraum (Kap. 4, 16)
Interessengebundenheit (Kap. 4)
Konfliktfähigkeit (Kap. 5)

7.2. Die Gruppen formulieren Handlungsziele.

Methoden

7.1.4. Lexika / Stichwort-Kataloge
Die Gruppenmitglieder sammeln Stichwörter, die zum Thema gehören. Sie notieren diese und lesen nach, was dazu in Lexika geschrieben steht, oder suchen in Stichwortkatalogen nach passenden Büchern und überprüfen deren Inhaltsverzeichnisse auf geeignete Gesichtspunkte hin. Die Ergebnisse werden notiert. K. 7.1.

7.1.5. Schulfächer
Die Gruppenmitglieder finden Stichwörter zum Thema, notieren diese und suchen mit Hilfe der Stichwortverzeichnisse von verschiedenen Schulbüchern nach Textstellen, lesen diese und machen sich entsprechende Notizen. K. 7.1.

7.1.6. Hausbesuche
Die Gruppen teilen sich in Paare auf, gehen von Haustür zu Haustür, befragen die Bewohner zum Thema und notieren die Antworten. K. 7.1.

7.1.7. Über den Weg gelaufen
Auf ein großflächig vorgezeichnetes Straßennetz trägt die Gruppe in Form von Zeichnungen, Stichworten, Symbolen alles ein, was ihr zum Thema einfällt. K. 7.1.

Übungen

7.1.4.1. Fachhandlungsziele
Zu Beginn eines Lernabschnitts beschreiben die Teilnehmer/innen, was sie im Hinblick auf das Thema kennenlernen, herausbekommen, ausprobieren und tun wollen. Folgende Formulierungen sind sinnvoll:

- Wir wollen herausbekommen ...
- Wir wollen ausprobieren ...
- Wir wollen ... (tun)

Nach der Phase des Sammelns werden die Handlungsziele geordnet, um anschließend bearbeitet werden zu können.

7.1.6.1. Verwandtschaftsbefragung
Es werden Verwandte und Bekannte interviewt, was sie schon einmal fremde Personen gefragt haben und was sie dabei erlebten.

7.1.7.1. Bilder
Unvollständige Bildvorlagen, die der Phantasie viele Möglichkeiten einräumen, werden mit eigenen Vorstellungen und Ideen ergänzt und gestaltet.
Alternativ können auch Ansichtskarten aufgeklebt und dazu passende Umgebungen gezeichnet oder gemalt werden.

7.2.1. Handlungsziele
Die Gruppenmitglieder formulieren aus ihren Notizen, Stichwörtern, Kassettenaufnahmen Handlungsziele und schreiben je ein Handlungsziel auf einen Papierstreifen.

Die Handlungsziele beginnen mit:

- Wir wollen herausbekommen ...
- Wir wollen ausprobieren ...
- Wir wollen ... (tun)

Gesellschaftspolitischer Bezug

Projektschritt

7.3. Die Gruppen strukturieren die gefundenen Handlungsziele.

K. 7.3.

Methoden

7.3.1. Vergleichen
Die einzelnen Projektgruppen überprüfen die Handlungsziele der anderen Gruppen daraufhin, ob diese noch zusätzliche haben.
Ist dies der Fall, so werden die noch fehlenden auf je einem Papierstreifen ergänzt. K. 7.3.

7.3.2. Zusammenfassen
Die Handlungsziele werden geordnet und zu Bereichen zusammengefaßt. Diese erhalten dann eigene Überschriften. K. 7.3.

7.3.3. Ordnen
Die Gruppenmitglieder nehmen sich einen Bereich nach dem anderen vor, überprüfen, ob eine bestimmte Reihenfolge in der Behandlung der Handlungsziele sinnvoll und erforderlich ist, und legen diese fest. K. 7.3.

7.3.4. Beziehungsgeflecht
Zur intensiveren Bearbeitung des Themas können gesellschaftliche Gruppierungen gesammelt werden, die einen Bezug zu den Bereichen des Themas haben. K. 7.3.

Übungen

8. Methoden überlegen

Zum Lernprozeß gehört die inhaltliche, soziale und emotionale Dimension. Methoden sind ein Teil davon, die ebenfalls bewußt ausgewählt und angewandt werden müssen.

Gesellschaftspolitischer Bezug

Projekte verlangen von den Lernenden, Inhalten in ihrer „rohen" unbehauenen Auffindbarkeit zu begegnen und ihnen durch die Bearbeitung Gestalt für eigene Zwecke zu geben. Dabei sind grundsätzlich alle materiellen und personellen Ressourcen zugelassen, die für das Erreichen von Handlungszielen von Bedeutung sein können. „Vor Ort" kann die Phantasie dafür entfaltet werden, wo und wie in unserer Gesellschaft Methoden zum Erreichen von eigenen Zielen zugänglich und abrufbar sind. (vgl. Duncker, Götz, a.a.O., S. 97)

Lernen in Institutionen ist geprägt von einem Rollenverständnis, bei dem die Leitung zuständig ist für Planung und Informationsbeschaffung. Lehrende verstehen sich als Experten und ziehen die entsprechende Erwartungshaltung auf sich. Versuche von Gruppen, Lernen selbständig zu gestalten, Lernformen mitzubestimmen und Methoden selbst auszuwählen, sind eher die Ausnahme. Beim Projektlernen werden Voraussetzungen dafür geschaffen, sich von eingeübten und auch erwarteten Rollenzwängen zu befreien. Es wird immer wieder deutlich, daß es nie „Nur-Lehrende" oder „Nur-Lernende" gibt, sondern daß **Lernen als Prozeß** verstanden werden muß, der für niemanden irgendwann als abgeschlossen gelten kann.

Mißerfolge sind in keinem Lernprozeß ausgeschlossen und sind deshalb als etwas Normales zu akzeptieren. Fehler und Irrtümer sollen beim Projektlernen nicht zu Frustration und Abbruch der Arbeit führen, sondern können offengelegt, verstehbar gemacht und in Zukunftsabsichten und -planungen verarbeitet werden.

Sonstige Projektkriterien:
Selbstorganisation (Kap. 3, 14)
Lernen im Lebensraum (Kap. 4, 16)
Zeitstruktur (Kap. 11, 14)
Raumstruktur (Kap. 12)
Lernintensität (Kap. 1, 16)
Sinnlichkeit (Kap. 4, 13)
Kompetenzen (Kap. 6, 20)

Projektschritt

8. Methoden überlegen

8.1. Anhand vorgegebener Handlungsziele wird eine Sammlung von Methoden erstellt, durch die Handlungsziele erreicht werden können.　　　K. 8.1.1.

8.2. Jedem Handlungsziel werden Methoden zugeordnet, durch die das Handlungsziel erreicht werden könnte.

Eine Zeitlang wählten die Schüler/innen einer Klasse bevorzugt die Methode „interviewen" aus, um ohne viel Aufwand möglichst oft die Schule verlassen zu können. Dabei sollten manchmal sogar Fragen gestellt werden, deren Antworten schon bekannt waren.

Methoden

Übungen

8.1.1. Wie schaffen wir's?
Anhand sehr unterschiedlicher Handlungsziele aus verschiedenen Themenbereichen muß gemeinsam überlegt werden, wie dieses Ziel zu erreichen ist (Leitfrage: Wie schaffen wir's? Antwort: Tätigkeit). K. 8.1.1.

8.2.1. Methoden-Salat
Jede einzelne Methode, mit der ein Handlungsziel erreicht werden könnte, ist auf je einem schmalen Papierstreifen (Kopiervorlage vervielfältigen und in Streifen schneiden) aufgeführt.
Diese liegen ungeordnet in mehreren „Salat-Schüsseln". Die Teilnehmer/innen nehmen sich aus der Schüssel Streifen heraus und kleben diese mit einem Ende an solche Handlungsziele, welche durch diese Methode erreicht werden könnten. K. 8.2.1.

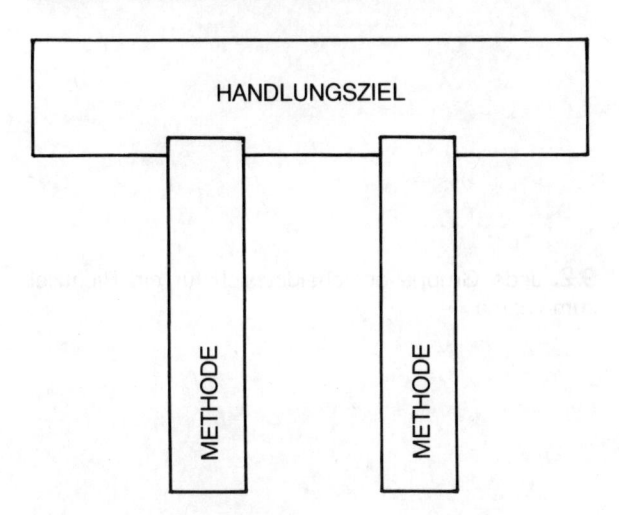

8.2.1.1. Zuordnungs-Übungen
Kartenspiele, die aufgrund gleicher Symbole, Bilder oder Farben zugeordnet werden können, sind die einfachste Form von Zuordnungs-Spielen. Höhere Anforderungen stellen Spiele, bei denen eine inhaltliche Zuordnung gefordert ist, die Nachdenken verlangt.

Beispiel:
- Multiple-Choice-Bögen für den theoretischen Verkehrsunterricht
- Rollenspiele mit Konfliktbeschreibungen und Rollenspiele mit Konfliktregelungen, die einander zugeordnet werden sollen.

9. Richtziel bestimmen

Projektlernen beinhaltet, sich ein gemeinsam erreichbares Ziel (Richtziel) zu setzen, in dem möglichst viele Ergebnisse des Projektverlaufs sowie die Projektprodukte präsentiert werden.

Gesellschaftspolitischer Bezug

Makarenko erkannte 1920, als er in der Ukraine eine Kolonie für jugendliche Verwahrloste und Rechtsverletzer gründete, die Ziellosigkeit im Leben seiner Zöglinge. Daher wurde die Aufgabe, das Programm, das Projekt sein wichtigstes Erziehungsmittel.

Seiner Meinung nach scheut der Mensch, der ohne Perspektive in den Tag lebt, die Anstrengungen; er sieht nur das, was unmittelbar vor ihm liegt und nicht die Erfolge, den Lohn der Mühe. Der Mensch kann auf der Welt nicht leben, wenn nichts Erfreuliches vor ihm liegt. In der Zukunft liegende Ziele bzw. Perspektiven bewirken demnach Motivation für das Handeln in der Gegenwart (vgl. Struck, a.a.O., S. 39 ff). Projektlernen beinhaltet, sich gemeinsam erreichbare Ziele zu setzen, auf ein Ergebnis, ein **kollektives Produkt** hinzuarbeiten. Solche Ziele können sein die Herstellung oder Konstruktion von vorzeigbaren Gegenständen, das Durchführen von Aktionen sowie die Aneignung von Wissen und Fertigkeiten. Neben diesen „abgeschlossenen Produkten" müssen auch „offene Produkte" als Richtziel für Projekte in Frage kommen. Dies könnten persönliche Erkenntnisse, Einsichten oder Einstellungen sein, die zu veränderten Haltungen gegenüber gesellschaftlichen Normen und Konflikten führen. Noch weitergehend wäre es, wenn die Projektteilnehmer/innen die Wirklichkeit von Arbeits-, Lern- und Lebensbedingungen verbessern würden.

Da das gewünschte Ergebnis nicht allein, sondern nur in Kooperation mit den Projektteilnehmer/innen erreicht werden kann, verbindet das gemeinsame Ziel die Gruppenmitglieder. Daraus ergibt sich die Motivation zur Kommunikation, zum arbeitsteiligen Vorgehen, zur Rücksichtnahme auf die Interessen, Möglichkeiten und Grenzen des/der anderen, zur Hilfsbereitschaft und zum Austragen von Konflikten nach von allen akzeptierten Regeln, also zur **Solidarität.**

Produkt- und Prozeßorientierung stellen sich im Projektlernen nicht als Gegensatz dar, sondern bedingen sich wechselseitig.

Treten sie in ein Spannungsverhältnis untereinander, so müssen sie wieder in ein ausgewogenes Verhältnis gebracht werden.

Sonstige Projektkriterien:
Lernen im Lebensraum (Kap. 4, 16)
Lebenszusammenhang (Kap. 6)
Lernen als Prozeß (Kap. 8, 18, 21)
Entscheidungsfähigkeit (Kap. 5, 19)
Konfliktfähigkeit (Kap. 5)

Projektschritt

9. Richtziel bestimmen

9.1. Den Projektteilnehmern/innen wird verdeutlicht, was unter einem Richtziel zu verstehen ist.

> *Eine gewaltfreie Aktionsgruppe hangelte sich mit Vorliebe von einer zur anderen faszinierenden Aktion. Probleme, Absichten und Methoden verkamen regelmäßig zur nachträglichen Legitimation.*

9.2. Jede Gruppe entscheidet sich für ein Richtziel zum Thema. K. 9.2.

Methoden

9.1.1. Und dann?

Jemand stellt ein Projektthema vor, zeigt verschiedene Objekte, die zum Thema passen, und formuliert die Frage: „Angenommen, wir haben das Thema... bearbeitet. Und dann?" Die Projektteilnehmer/innen nennen mögliche Richtziele:
„Wir führen zum Thema... einen Sketch vor."

Beispiel:
a) Thema: Vom Schmutzwasser zum Brauchwasser
   Objekte: Glas mit Schmutzwasser,
            Glas mit Leitungswasser
   Mögliche Richtziele:
   - Wir machen einen Info-Kiosk zum Thema „Vom Schmutzwasser zum Brauchwasser".
   - Wir machen zum Thema „Vom Schmutzwasser zum Brauchwasser" eine Wandzeitung.
b) Thema: Fahrrad
   Objekte: Fahrradteile, Fahrradkarte
   Mögliche Richtziele:
   - Wir machen eine Fahrradtour.
   - Wir veranstalten ein öffentliches Fahrrad-Reparatur-Fest.

9.2.1. Richtziel-Katalog

Die Gruppenmitglieder erhalten eine Beschreibung mehrerer Präsentationsmöglichkeiten und suchen sich aus diesem „Katalog" das günstigste Richtziel aus. K. 9.2.

9.2.2. Messe

Die Gruppenmitglieder überlegen und notieren mögliche Präsentationsformen, die auf einer Messe vorstellbar sind und vorkommen können. Sie wählen davon eine für ihr Thema günstige Präsentationsform aus.

Übungen

9.1.1.1. Unendlicher Dialog

Die Situation, in der eine Person eine andere „ärgern" will, wird aufgegriffen und spielerisch in einen unendlichen Dialog umgewandelt.

Beispiel:
M.: Ich tue dir eine Spinne ins Glas.
R.: Und dann?
M.: Dann erschrickst du.
R.: Und dann?
M.: Dann schreist du laut.
R.: Und dann?
M.:
R.:

9.2.2.1. Licht aus, Spot an

Wenn es darum geht, daß Gruppenmitglieder unterschiedliche Vorstellungen zu geplanten Aktivitäten (Wochenendfahrt, Ausflug, Fest...) äußern sollen, werden sie gebeten, ihre Ideen und Vorstellungen entweder in einem Flugblatt oder auf einem Plakat oder durch einen Vortrag den anderen mitzuteilen. Um die Darstellung lebendiger zu machen und die Aufmerksamkeit stärker darauf zu lenken, wird jeweils der Raum verdunkelt und die entsprechende Person ins „Rampenlicht" (Scheinwerfer, Overheadprojektor, Taschenlampe) gestellt, wo sie dann ihr Plakat präsentiert, die Flugblätter verteilt bzw. in den Raum wirft oder einen Vortrag hält.

Gesellschaftspolitischer Bezug

Projektschritt

9.3. Die Gruppen einigen sich auf ein/mehrere Richtziel/e.

Methoden

9.3.1. Delegiertenrat

Der Delegiertenrat (ein/e Vertreter/in aus jeder Projektgruppe) sitzt in der Mitte aller Projektteilnehmer/innen. Die Delegierten informieren über die Vorschläge der einzelnen Gruppen und versuchen, sich auf ein/oder zwei Richtziel/e zu einigen.

Dabei ist es möglich, die/den Delegierte/n aus dem Rat zu holen, um eine kurze Rücksprache zu halten. Ebenso ist es möglich, daß die/der Delegierte bei ihrer/seiner Gruppe Rat holen kann.

(vgl. Kap. 3, 19 und K. 5.7.1.1.)

Übungen

10. Thema politisch absichern

„Wir machen, was wir wollen, und wir wissen, warum." Dieser Spruch ist mehr Wunsch als Realität, obwohl er ein Prinzip von Projektlernen sein muß. Gesellschaftliche Absicherung eines Themas im emanzipatorischen Sinne kann vor bösen Überraschungen schützen.

Gesellschaftspolitischer Bezug

Wer darf entscheiden, ob und wie ein Projektthema von einer Gruppe bearbeitet wird? Menschen mit wenig Negativ-Erfahrungen in den Bereichen Pädagogik und Politik gehen ganz selbstverständlich davon aus, daß die Betroffenen (die Gruppenmitglieder) ihr Thema selbst festlegen und dessen Ziele bestimmen. Wenn dort schon die Freiheit aufhören würde, wo sollte sie dann anfangen?

Die Wirklichkeit ist anders: werden durch ein Projektthema Abhängigkeiten in Frage gestellt, Richtlinien übergangen oder Elternwille mißachtet, werden Herrschaft abgebaut und Freiheiten gewonnen, dann treten alle diejenigen auf den Plan, die etwas zu befürchten haben. Projektgruppen, die dies außer acht lassen, verlieren sehr schnell ihre Arbeitsgrundlage, die ihnen doch so sicher schien.

Herrschaftslosigkeit ist nämlich nicht Realität, sondern muß zum Ziel gemacht werden. Die gesellschaftliche Absicherung des Themas ist deshalb ein Projektschritt, der nicht angenehm, aber oft nützlich ist. Angriffe sind leichter zu verkraften und abzuwehren, wenn sie nicht überraschend kommen.

Projektgruppen sollten versuchen, für Anregungen, Kritik und Ablehnungen „von außen" offen zu sein und ihre Hintergründe zu erkennen.

Überall da, wo gesellschaftliche Gruppierungen aber der Projektgruppe ihren Willen aufzwingen wollen, kann die Antwort nur heißen:

Widerstandspraktiken einüben und Herrschaftslosigkeit vergrößern.

Dies ist besonders dann nicht leicht, wenn die Unfreiheit „auf leisen Sohlen" kommt: durch Geldentzug, Hinweise auf die „Öffentlichkeit", „Besserwisserei" oder allgemein „geistig-seelisches Faustrecht" (v. Braunmühl).

Sonstige Projektkriterien:
Lernen im Lebensraum (Kap. 4, 16)
Kompetenzen (Kap. 6, 20)
Komplexe Zusammenhänge (Kap. 7, 21)
Interessengebundenheit (Kap. 4)

Projektschritt

10. Thema politisch absichern

10.1. Die Gruppenmitglieder sammeln Namen von Gruppen, Institutionen und Personen, die mit dem *Projektthema* zu tun haben.

10.2. Die Sammlung wird mit Namen von Institutionen, Gruppen und Personen ergänzt, die in positiver/unterstützender oder negativer/erschwerender Form mit der *Projektgruppe oder einzelnen Projektmitgliedern* zu tun haben (z. B. Eltern, Freunde/innen, Arbeitskollegen/innen, Schule, . . .).

10.3. Die gesammelten Institutionen, Gruppen und Personen werden nach den Kategorien „Unterstützer" und „Gegner des Projektthemas" sortiert.

10.4. Es wird untersucht, wie stark Unterstützer und Gegner für oder gegen das Thema Einfluß nehmen können/werden.

Zwischen dem, der befiehlt, und dem, der gehorcht, ist keine Möglichkeit der Freundschaft.   *(Reclus)*

Methoden

10.1.1. Beziehungsgeflecht
(vgl. 7.3.4.)
Die gesellschaftliche Bedeutung eines Themas ist leichter zu erkennen, wenn Namen von Institutionen, Gruppen und Personen gesammelt werden (auf je einer Karteikarte), die einen Bezug zum Thema haben. K. 7.3.

10.2.1. Feuerprobe
Mit einigen Gegenständen wird ein brennendes Haus symbolisiert.
Die Teilnehmer/innen begeben sich einzeln in das „brennende Haus" und nennen Institutionen, Gruppen und Personen, die sie im Notfall (bei Konflikten wegen des Themas) unterstützen oder behindern würden (sich distanzieren, hämisch abwenden, bestrafen, . . .).
Auf je einer Karteikarte werden dazu Notizen gemacht.

10.3.1. Unterstützer oder Gegner?
Alle Gruppenmitglieder beteiligen sich daran, die Karteikarten daraufhin zu überprüfen, ob sie Unterstützer oder Gegner aufführen.
Die Karten werden zwei verschiedenen Wänden oder zwei Tischen zugeordnet. Bei unterschiedlichen Einschätzungen kann die Karte dazwischen gelegt oder doppelt geschrieben werden.

10.4.1. Umfeldanalyse
Die Gruppe versucht, gemeinsam eine Umfeldanalyse zu erstellen, indem sie Gegner und Unterstützer auf den Grad ihrer möglichen Einflußnahme hin überprüft:
auf einem für alle sichtbaren Schaubild werden die Karten entweder mehr im Zentrum eines möglichen Konflikts oder mehr außen angebracht. Zur Korrektur bei eintretenden Veränderungen oder Fehleinschätzungen sollten die Karten leicht abnehmbar sein.

Übungen

10.1.1.1. Pustebilder
(vgl. 5.3.1.3.)

10.1.1.2. Firmen-Berufe
(vgl. 6.1.2.1.)

10.1.1.3. Expertenliste
(vgl. 7.1.3.1.)

10.1.1.4. Zuordnungs-Übungen
(vgl. 8.2.1.1.)

> *Eine Gruppe Erwachsener, die ein Jahr lang eine Fortbildungsveranstaltung für Projektlernen projektmäßig vorbereitete, scheiterte mit ihrem Vorhaben, weil der Kultusminister die Anerkennung versagte. Die politische Absicherung war ungenügend.*

10.4.1.1. Spurensuche
Viele Menschen (oder auch gesellschaftliche Bedingungen) haben uns mehr oder weniger stark geprägt. Um diese Spuren zu entdecken, kann das Bild einer Schallplatte behilflich sein. Welche Menschen finden sich dort mit ihren Spuren (Rillen) wieder, wer hat das eigene Selbstverständnis (Schallplattenmitte) ganz stark geprägt?
Selbstreflexion, Malen und Gespräch können die „Spurensuche" erfolgreich machen.

10. Thema politisch absichern

Gesellschaftspolitischer Bezug
Projektschritt

52

10. Thema politisch absichern

Methoden Übungen

UMFELDANALYSE

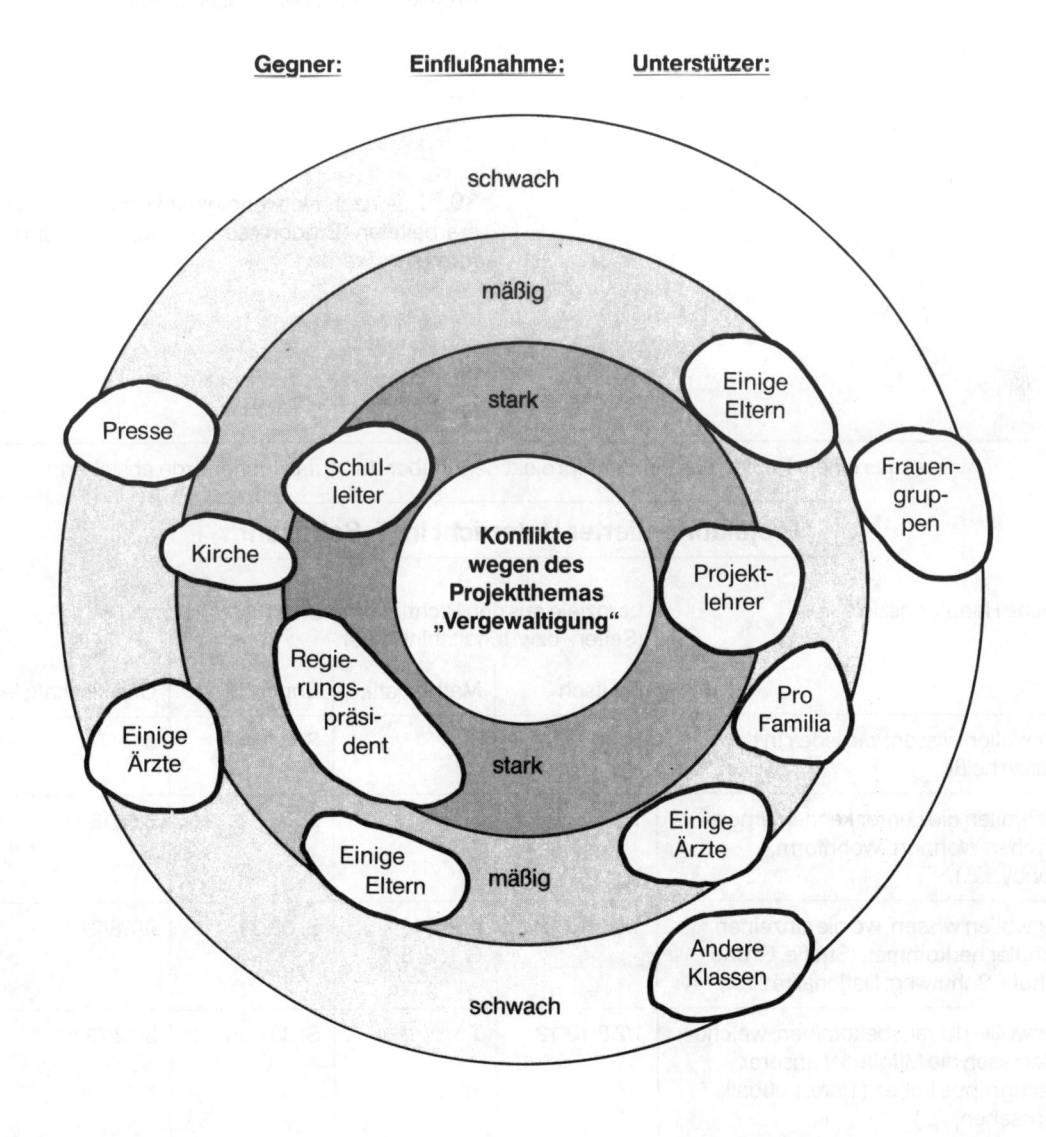

Gegner: Einflußnahme: Unterstützer:

schwach

mäßig

stark

Konflikte wegen des Projektthemas „Vergewaltigung"

stark

mäßig

schwach

- Presse
- Schulleiter
- Kirche
- Regierungspräsident
- Einige Ärzte
- Einige Eltern

- Einige Eltern
- Projektlehrer
- Pro Familia
- Frauengruppen
- Einige Ärzte
- Andere Klassen

10. Thema politisch absichern

Gesellschaftspolitischer Bezug

Projektschritt

10.5. Die Gruppenmitglieder überprüfen, inwieweit die Bedingungen innerhalb der Gruppe die Erarbeitung des Projektthemas beeinflussen können.

10.6. Je nach Notwendigkeit können aus den bis jetzt erarbeiteten Ergebnissen zusätzliche Handlungsziele formuliert werden.

Auszug aus einem Papier, das ein Schulprojekt gegenüber der Aufsichtsbehörde absichert.

Projektorientierter Unterricht im 5. Schuljahr

Mögliche Handlungsziele	Lernziele aus den Richtlinien des Kultusministers NRW (Seiten- bzw. Inhaltshinweise)			
	Deutsch	Mathematik	Englisch	Gesellschaftslehre
1. Wir wollen wissen, wie jede/r in der Klasse heißt.	S. 70–71 Nr. 1/10		S. 33/34	3
2. Wir wollen die Lehrer kennenlernen (Fächer, Wohnort, Wohnform, Hobby, . . .).	1/2	T 1	S. 33/34	3/6/7/8/21
3. Wir wollen wissen, wo die einzelnen Schüler herkommen (Straße, Grundschule, Schulweg, Nationalität, . . .).	1/2/5/10/12	N 2/T 1/ G 1; 2; 3; 6	S. 33/34	6/7/8/21
4. Wir wollen herausbekommen, welche Interessen die Mitglieder unserer Tischgruppe haben (Tiere, Fußball, Fernsehen, . . .).	1/2/8/10/12	T 1/W 1–4	S. 33–35	3/72/73
5. Wir wollen herausbekommen, wie wir in der Tischgruppe am besten zusammenarbeiten können (Gesprächsregeln, Sitzordnung, Gruppenmappe, Gruppenfach, Gruppenname, Gruppenmaterial, Arbeitsteilung, . . .).	8/12 S. 72–73 1/2/3/5–11	T 1		3/4/5/6/7/8/21/72/73
6. Wir wollen miteinander spielen können.	S. 74–75 1/2	N 1 a/b/ W 1–4		1/2/3/4/6/7/8/21

Methoden

10.5.1. Gruppenanalyse
Mit Hilfe eines Fragebogens oder durch Partner-Interviews erarbeiten die Teilnehmer/innen alle persönlichen Bedingungen, die für die Gruppe wichtig sein könnten.
K. 10.5.1.

10.6.1. Vergessenes
Die Gruppe sammelt bisher vergessene Handlungsziele, die ihr zur gesellschaftlichen Absicherung des Themas wichtig sind, und ordnet diese den Bereichen zu.

Übungen

10.5.1.1. Bewerbung
„Bewerber/innen" erhalten außerhalb der Gruppe den Auftrag, sich zu überlegen, was sie der Gruppe für eine Mitarbeit anbieten können. Die Gruppe überlegt in der Zeit, welche Bedingungen sie selbst für eine Mitarbeit stellen will. Stichworte: Zeit/Beziehungen/Geld/Fähigkeiten/Schwächen/Ängste/Erwartungen an die Gruppe/Kontakte/Materialien.

11. Arbeitszeiten festlegen

Eigentlich klingt es banal und einfach. Die Versuchung ist groß zu sagen: „Machen wir mal eben". Bei näherem Hinsehen entpuppt sich die Festlegung der Arbeitszeiten als ein Projektschritt, der auch ein eigenes Projektthema sein könnte.

Gesellschaftspolitischer Bezug

Vor allem in industriellen Gesellschaften hat sich ein Zeitbewußtsein eingeschliffen, das nicht mehr nach Sinn oder Unsinn, nicht nach Vor- oder Nachteil vorgeschriebener Zeiträume fragt.

Die Einteilung, Zerstückelung und Befristung von Zeit ist oft verinnerlicht und wird häufig nur von „Aussteigern" als Herrschaft empfunden und in Frage gestellt. Die meisten Menschen akzeptieren vorgeschriebene Zeitstrukturen als „Sachzwänge"; sogar die angeblich selbstbestimmte Freizeit orientiert sich an „Tagesschau" und „Wetten, daß", an regelmäßigen Ausflugsfahrten und Vereinsterminen.

Projektlernen ermöglicht, Fremd- und Selbstbestimmung der **Zeitstruktur** wieder bewußter zu machen. Vermeintliche Sachzwänge können entschlüsselt werden als von anderen bestimmte Termine, frei ausgehandelte Zeiten oder selbst verantwortete Zeitstruktur. Anonyme, scheinbar unabänderliche Herrschaft über die Zeit kann oft konkreter erfahrbar, manchmal sogar personifizierbar werden.

Vereinbarungen über Zeiten machen deutlicher, wieviel Verantwortung jede/r an gemeinsamem Fortkommen und befriedigender Zusammenarbeit hat. Selbstbestimmte Arbeits- und Pausenzeiten, individueller Arbeitsrhythmus, persönliches Arbeitstempo und ein Verweilen auf Projekt-„Neben-" und „Abstellgleisen" können genossen werden, ohne deren Folgen leugnen zu müssen.

Neu entdeckte Entscheidungskompetenz über die Zeit führt nicht selten dazu, daß Betroffene sie auf ihre Ernsthaftigkeit hin testen: Nicht-Arbeitszeit wird so weit ausgedehnt, daß das Projekt zu scheitern droht. Gemeinsame zeitliche Vereinbarungen werden entrüstet als Fremdbestimmung angegriffen, wenn ihre Einhaltung gefordert wird.

Erfahrungen zeigen jedoch, daß nach einigen Projekten „sachfremde" Gesichtspunkte bei der Bestimmung der Arbeitszeit seltener vorkommen; oft erfolgt sogar eine Ausweitung der Arbeitszeit durch die Projektteilnehmer/innen.

Sonstige Projektkriterien:
Selbstorganisation (Kap. 3, 14)
Heterogenität (Kap. 2, 18)

Projektschritt

11. Arbeitszeiten festlegen

11.1. Die Projektteilnehmer/innen reflektieren, mit welchem Zeitbewußtsein sie das Projekt bearbeiten werden.

Schul-Zeit:
Gesetze / Erlasse / Richtlinien / Schulordnungen / Stundenpläne / Schulpflicht / Schuljahr / Ferien / Wochenstundenzahl / Stundenverteilung / Unterrichtszeit / Pausen / Motivationsphase / Erarbeitungsphase / Zusammenfassung / Lernkontrolle / Versetzungen / Zeugnisse / Klassenarbeiten / Anwesenheitskontrolle / ...

11.2. Die im Moment zur Verfügung stehende und die von den Gruppenmitgliedern erwünschte Projektzeit wird ermittelt.

Wünschen die Projektteilnehmer/innen eine Ausweitung der zur Verfügung stehenden Projektzeit, so müssen sie dies eventuell als zusätzliches Handlungsziel formulieren (und anschließend zuordnen).

Methoden

11.1.1. Jahrhundertbesuch
Die Gruppenmitglieder versetzen sich in die Situation, daß sie am nächsten Tag den für sie wichtigsten Menschen zum letzten Mal sehen können.
a) Selbstreflexion mit Hintergrundmusik und der Fragestellung: wie organisiere ich mir den Tag zeitlich?
b) Gruppengespräch und Mitteilung der Überlegungen.

11.1.2. Insel-Zeit
Die Gruppe stellt sich vor, das Projekt auf einer Insel durchzuführen, die dafür die optimalen Bedingungen bietet. Kein Gruppenmitglied hat noch irgendwelche zeitliche Verpflichtungen.

Simulationsspiel:
Die Gruppe erwacht am frühen Morgen und versucht, eine gemeinsame Tagesplanung aufzustellen. Anschließend führt sie ein Gespräch über die Empfindungen während des Simulationsspiels im Vergleich zur Realität.

11.2.1. Gruppenanalyse
(vgl. Frage 1 bei K. 10.5.1.)

Übungen

11.1.1.1. Phantastereien
In einer Atmosphäre, die die Phantasie beflügelt (Raumausstattung, Geräusche, ...) spinnt erst jeder vor sich hin und teilt dies anschließend den anderen mit.
Stell dir vor,
- du hättest keine Termine
- du hättest kein Geld
- du hättest niemanden, den du kennst
- du brauchtest nicht zu arbeiten
- du brauchtest nicht zu essen
- du hättest ein Wunschzimmer.

11.2.1.1. Zwangzeit-Wunschzeit
In einer Art Spiel befragen die Gruppenmitglieder sich gegenseitig, wie lange sie für Tätigkeiten Zeit haben und gerne hätten (Schulaufgaben, Spülen, Fernsehen, Frühstück, Arbeitsweg, ...). Diese Befragung sollte immer dann stattfinden, wenn jemand eine Tätigkeit beginnen will.

Beispiel:
Zeit für Frühstück
- „Zwangzeit?" „15 min"
- „Wunschzeit?" „60 min"

11. Arbeitszeiten festlegen

Gesellschaftspolitischer Bezug

Projektschritt

Es war wie verhext:

An seiner Arbeitsstelle bekam Ulrich massenweise Termine diktiert und hielt sie ein. Frei vereinbarte Zeiten mit Freunden aus der Projektgruppe „Müllverwertung" dagegen empfand er als Zumutung. Das Diktat seiner Vorgesetzten akzeptierte er auch gefühlsmäßig, während er selbstbestimmte Vereinbarungen mit Freunden bedenkenlos ignorieren konnte.

Während eines Projekttrainings für Lehrer/innen wurden die frei vereinbarten Zeiten grundsätzlich nicht eingehalten. Zeitplanung erschien als unglaubliche Forderung, die systematisch boykottiert wurde.

11.3. Die Projektteilnehmer/innen treffen die zeitlichen Absprachen, welche für eine erfolgreiche, gemeinsame Projektarbeit nötig sind.

Methoden

11.2.2. Zeit-Spirale

Jedes Gruppenmitglied schreibt auf je zwei verschiedenfarbige Karten den eigenen Namen.
Die Karten werden entsprechend der zur Verfügung stehenden (erste Farbe) und der erwünschten (zweite Farbe) Projektzeit in einer aushängenden Spirale angebracht.

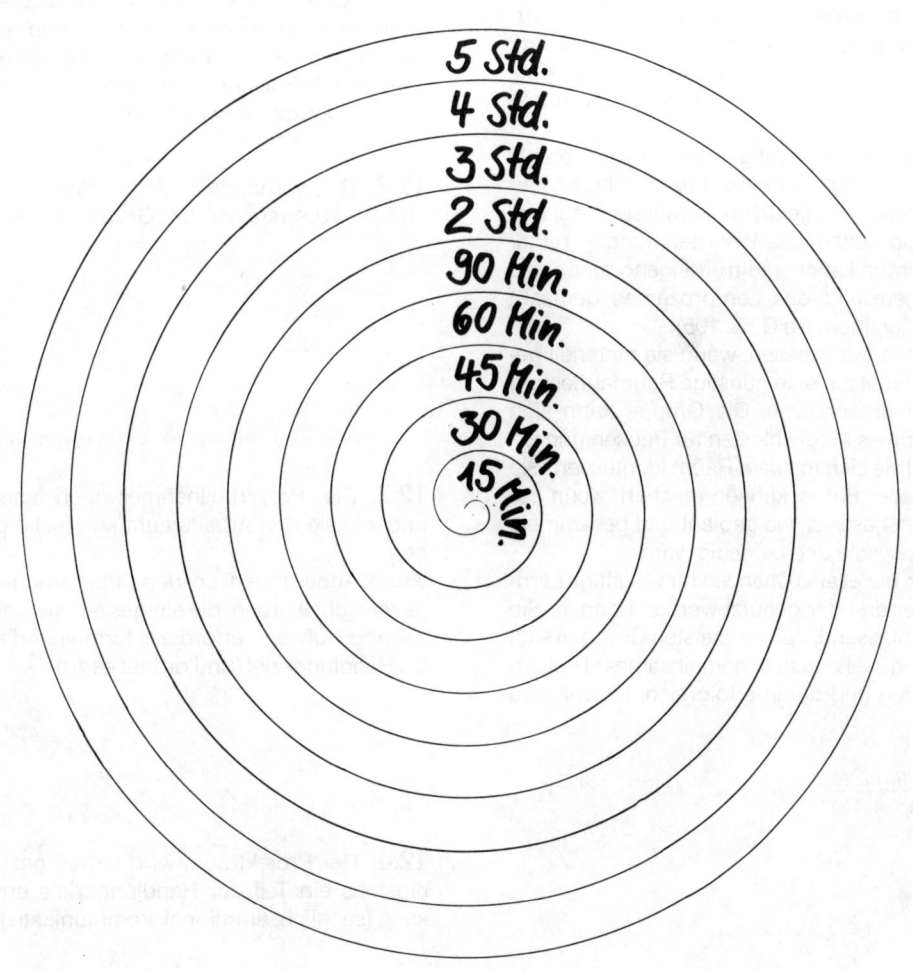

Übungen

(Spirale mit Zeitangaben: 5 Std., 4 Std., 3 Std., 2 Std., 90 Min., 60 Min., 45 Min., 30 Min., 15 Min.)

11.3.1. Entscheidungsformen
(vgl. K. 5.7.1.1. Delegiertenentscheidung)

Zeitabsprachen sind möglich über folgende Projektschritte:

- Projekttag beginnen
- Handlungsziele erreichen
- Gemeinsam Pause machen
- Arbeitsergebnisse mitteilen
- Projekttag reflektieren
- Absprachen und gemeinsam Entscheidungen treffen.

11.3.1.1. Zeit-Protokoll
(vgl. K. 15.3.1.)

Um besser einschätzen zu können, wieviel Zeit für bestimmte Tätigkeiten gebraucht wird, wird häufiger ein Zeit-Protokoll angefertigt:

a) Kurzbeschreibung der Tätigkeit
b) Anfangs- und Endzeit

12. Arbeitsräume gestalten

In den meisten Fällen sind Arbeitsräume nicht so ausgestattet, daß ihre Benutzer/innen sich darin wohlfühlen und arbeiten können. Gesellschaftlicher Status ist wesentlich bestimmender als z. B. wissenschaftliche Erkenntnisse. Projektlernen kann helfen, eigene Bedürfnisse wieder zu erkennen, Bewußtseinsgrenzen zu überspringen und begründbare Forderungen nach Verbesserung von Arbeitsraum-Situationen zu verwirklichen.

Gesellschaftspolitischer Bezug

Gefängniszellen oder Arbeitsräume? Wer ein wenig davon weiß, daß effektives Arbeiten auch von einer positiven Atmosphäre des Raums abhängig ist, wird die große Mehrzahl der Schulräume eher als Gefängniszellen beschreiben. Ist dies Absicht oder Gedankenlosigkeit der „Verantwortlichen"? Warum fühlen sich die täglichen Benutzer/innen von Lernräumen nicht für eine positive Arbeitsatmosphäre verantwortlich? Werden Arbeitsräume nur von denen „gestaltet", die sie besitzen? Oder sind wir in dieser Gesellschaft vielleicht unfähig, Arbeitsräume kollektiv – also als Gruppe – bewohnbar zu machen?

In Projekten würde ein wichtiger Teil von ganzheitlichem Lernen mißachtet, wenn die **Raumstruktur** außer acht gelassen würde. Projekträume „müssen angeeignet werden". Sie sollen „als Wahrnehmungs-, Handlungs- und Kommunikationsraum ernstgenommen und auch zum Gegenstand des Lernprozesses gemacht werden". (Scheller, Ingo, a.a.O., S. 105)

Eine Gruppe kann gut arbeiten, wenn sie materiell genügend ausgestattet ist; eine günstige Raumaufteilung wird dies noch unterstützen. Die Gruppe kann sich wohlfühlen, wenn es Möglichkeiten für Pausen und Erholung gibt und sie sich mit dem Raum identifiziert. Sie kann immer wieder Entdeckungen machen, wenn der Raum Operationsbasis ist, wo geplant und gesammelt, wo Neugierde geweckt und befriedigt wird.

Der Arbeitsraum bietet also Chancen für vielfältige Lernprozesse, die vertan oder genutzt werden können. Sie sind sogar so umfassend, daß die meisten Gruppen sich „Raumgestaltung" als erstes gemeinsames Projektthema vornehmen und daran erfolgreich, lustvoll und intensiv lernen.

Sonstige Projektkriterien:
Sinnlichkeit (Kap. 4, 13)

Projektschritt

12. Arbeitsräume gestalten

12.1. Die Gruppenmitglieder reflektieren ihre Vorstellungen von „Arbeitsräumen".

> *Eine Schulklasse, die (mit Hintergrundmusik) auf einem Riesenplakat Ideen für ihre Klassengestaltung sammelte, diskutierte anschließend ernsthaft die Frage, ob sie ein Lern- oder Wohnzimmer haben wollte. Die Entscheidung für ein Lernzimmer fiel erst nach Abwägen vieler Vor- und Nachteile.*

12.2. Der vorhandene Arbeitsraum wird mit einem „Traum-Arbeitsraum" der Gruppe verglichen.

12.3. Die Projektteilnehmer/innen entscheiden, ob und wie sie den Arbeitsraum kurzfristig gestalten werden.
Wenn Änderungen an den Arbeitsraum-Verhältnissen gewünscht werden, die einiges an Planungs- und Realisierungsaufwand erfordern, formuliert die Gruppe dies als Handlungsziel (und ordnet es zu).

12.4. Der Projektraum wird soweit gestaltet, daß wenigstens ein Teil der Handlungsziele erreicht werden kann (sachlich, emotional, kommunikativ).

Methoden

12.1.1. Die unglaubliche Geschichte
Die Projektteilnehmer/innen versuchen, ohne Voranmeldung ganz unterschiedliche Arbeitsräume zu besichtigen (Kinderzimmer, Chefzimmer, Studentenbude, Küche, Schulleiterzimmer, Kindergartenraum, Polizeibüro, ...). Dabei sollte darauf geachtet werden,
- wie groß der Raum ist
- wieviel Personen ihn nutzen
- ob er noch anderweitig benutzt wird
- wie er ausgestattet ist.

12.2.1. Ist-Raum und Soll-Raum
Projektteilnehmer/innen, die die gegebene Raumgröße nicht akzeptieren, zeichnen und malen auf Plakaten ihren „Traum-Arbeitsraum" für die Gruppe.
Gruppenmitglieder, die die vorhandene Raumgröße akzeptieren, den Raum aber ansonsten verändern möchten, „gestalten" diesen gemeinsam, indem sie an all den Stellen erklärende Zettel anbringen, wo Veränderungen gewünscht werden.

12.3.1. Prioritätenliste
Alle Veränderungsvorschläge (aus 12.2.1. sowie zusätzlich genannte) werden auf je einen Papierstreifen geschrieben. Nach Erklärung des Entscheidungsverfahrens (vgl. K. 5.7.1.1. Relative Mehrheitsentscheidung) werden die Vorschläge nacheinander zur Abstimmung gestellt. Sie ergeben in der Reihenfolge der erhaltenen Stimmen eine Prioritätenliste. Widersprechen sich Vorschläge inhaltlich, so wird der mit der höheren Priorität genommen.

12.4.1. Designer-Fete
Die Einrichtung eines Arbeitsraumes im Rahmen eines Festes ergibt Mitgestaltungsmöglichkeiten für Gruppenmitglieder mit ganz unterschiedlichen Fähigkeiten. Gegenstände können praktische, ästhetische, symbolische oder soziale Bedeutung haben, je nachdem, wie sie angebracht werden.

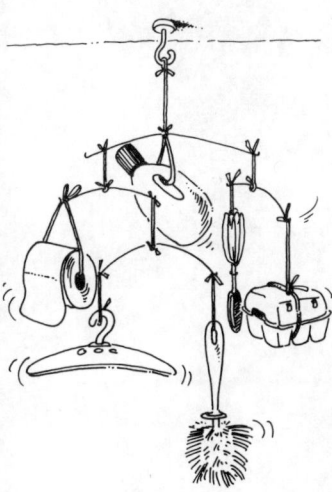

Übungen

12.1.1.1. Phantastereien
(vgl. 11.1.1.1.)

> Nachdem sich die Kindergruppe „Die Gespenster" wochenlang in einem 16 qm großen Hochhaus-Kinderzimmer mit über 20 Personen getroffen hatte, war der Beschluß zum nächsten Projektthema einhellig: „Wir besorgen uns einen neuen Raum."

12.2.1.1. Ich wünsch mir was
Diese Übung ist als Spiel bei allen möglichen Gelegenheiten durchführbar, zu zweit oder in Gruppen. Eine Person sagt:
„Ich wünsch mir was, was du nicht siehst, und das ist ... (mein Zimmer, mein Garten, meine Wohnung, mein Hausflur, mein Urlaubsort, ...)." Die andere/n Person/en stellen Vermutungen darüber an, wie das Gewünschte wohl aussehen wird. Sie erhalten als Antwort aber nur ein „Ja" oder „Nein".

12.3.1.1. Größer als ...
Entsprechend der mathematischen Relation „ist größer als ..." oder „ist kleiner als ..." können zahlreiche Spiele initiiert werden, die nicht (nur) Ernst-Charakter haben müssen:
„Stellt eine Reihenfolge auf nach der Bedingung ...
- ist größer als ...
- hat eine spitzere Nase als ...
- ist frecher als ...
- schreit lauter als ...
- spuckt weiter als ...
- streichelt zärtlicher als ..."

12.4.1.1. Recycling
Aus Wegwerfartikeln werden Gebrauchsgegenstände gemacht, die mit den ursprünglichen Artikeln nichts mehr zu tun haben.

Beispiel:
Joghurtbecher – Schreibstiftbehälter
Kochtopf – Blumentopf
Milchtüten – Schreibpapier-Regal
Eierschachteln – Mobiles

12.4.1.2. Kunstobjekte
Gebrauchsgegenstände können zu „Kunstobjekten" verfremdet oder umgestaltet werden.

Beispiel:
Gabel – Kamm
Schuh – Auto
Bleistift – Zahnstocher

13. Projekttag beginnen

Die Phase, in der die Handlungsziele erreicht werden sollen, beginnt häufig mit gesteigertem Tatendrang und Hektik. Erwachsene, die das nicht gewohnt sind, verwechseln die sich so äußernde Sinnlichkeit und Motivation manchmal mit Chaos. Am Beispiel eines beginnenden Projekttages soll deutlich werden, daß wichtige Arbeitsschritte und die Gefühle der Beteiligten in einem gemeinsamen Lernprozeß verbunden sein können.

Gesellschaftspolitischer Bezug

In herkömmlichen Lernformen beschränkt sich der Lernprozeß häufig auf das Aufnehmen, Weitergeben und auf den sprachlichen Austausch von Informationen. Gefühle, Vorstellungen, Äußerungen, die nicht sofort als sachbezogene sprachliche Handlungen identifiziert werden, gelten als mehr oder weniger tolerierte Abweichungen.

Die Reduktion der Lernprozesse auf sprachliche Tätigkeiten hindert die Lernenden und Lehrenden daran, sich die Lerninhalte auch sinnlich praktisch anzueignen und emotional zu besetzen. Werden Körperaktivitäten wie Sehen, Riechen, Fühlen, Hören, Greifen, Gehen, Spielen, also **Sinnlichkeit** unterbunden, resultiert daraus Unlust und Unfähigkeit zu arbeiten. (vgl. Scheller, Ingo, a.a.O., S. 35 ff.) Lernen, welches Sinnlichkeit und Bewegungsfreude als Ansatz berücksichtigt, steht mit der Zielsetzung im Einklang, körperliche Erlebnisse hervorzurufen. Voraussetzung dafür ist jedoch das Schaffen einer angst- und zwangfreien Atmosphäre. Gemeinsame sinnliche Erfahrungen können dazu beitragen, daß ein selbstverständliches, entspanntes Miteinanderumgehen unbewußt gelernt wird.

Neben unterbundener Sinnlichkeit und Bewegungsfreude verhindert fehlende Motivation ebenfalls die Lernbereitschaft und -fähigkeit. Folgende Gründe sind dafür ausschlaggebend, daß Unlust und Passivität sich immer wieder breitmachen.

1. Leistungsstreben ist in der Regel nicht gebunden an konkrete Bedürfnisse oder inhaltliche Interessen der Lernenden, sondern vor allem an die Notwendigkeit, sich Voraussetzungen für das Erreichen einer bestimmten Position in der Gesellschaft zu erarbeiten. Dieses Ziel ist schon allein seiner Langfristigkeit wegen nicht dazu geeignet, Freude beim Lernen hervorzurufen.
2. Die Tatsache, daß Inhalte, Ziele und Verfahren fast immer vom Lehrenden vorbestimmt werden und somit für die Lernenden fremdbestimmt sind, verhindert direkte Motivation.

Lernen in Projekten bietet die Möglichkeit, an Interessen und Bedürfnissen der Lernenden anzuknüpfen und **Motivation** zu wecken und zu fördern, da dieses Lernen gekennzeichnet ist durch

- selbständiges und selbstbestimmtes Handeln
- Zielperspektiven, die nicht nur auf kognitive Werte, sondern auch auf „Greifbares" und „Erlebbares" ausgerichtet sein können
- Arbeit in Verbindung mit selbstentwickelten Perspektiven, die nicht ausschließlich langfristig orientiert sein müssen.

Die Motivation für die Gegenwart beinhaltet nicht, daß mittel- und langfristige Perspektiven aufgegeben werden. Dadurch, daß neben Inhalten auch persönliche Be-

Projektschritt

13. Projekttag beginnen

13.1. Die Projektteilnehmer/innen stimmen sich auf das Projektthema ein.

13.2. Die Gruppenmitglieder schaffen sich die organisatorischen Voraussetzungen für ihre Projektarbeit.

13.3. Die Projektteilnehmer/innen entwickeln Vorstellungsbilder im Hinblick auf das bevorstehende Projekt.

13. Projekttag beginnen

Methoden

13.1.1. Projekteinstimmung
Als Einstieg in ein Projekt

- wird Musik gespielt, die zum Thema paßt
- werden Dias gezeigt, die zum Thema gehören
- wird ein Lied gesungen, das mit dem Thema zu tun hat
- wird ein Spiel gemacht, das auf das Thema einstimmt
- wird eine Geschichte vorgelesen, die in Zusammenhang mit dem Thema steht.

13.2.1. Projektgruppenordner
Die Projektgruppen erhalten jeweils einen Projektgruppenordner und bestücken ihn in der Anzahl der Gruppenmitglieder und teilweise in der Anzahl der Projekttage mit folgendem Inhalt:

- Wochenpläne (vgl. Kap. 14)
- Tagespläne (vgl. Kap. 15)
- Tagesreflexionen (vgl. Kap. 18)
- Erwartungskarten (vgl. 13.3.2.).

13.3.1. Gruppenordner-Gestaltung
Erste Vorstellungen zum Projektthema entfalten die Gruppenmitglieder, indem sie das Äußere ihres Gruppenordners mit Bildern, Sprüchen, Rätseln, Fragen, Wünschen bemalen bzw. beschriften oder auch bekleben, je nachdem, welches Gestaltungsmaterial zur Verfügung steht.

Übungen

13.1.1.1. Einstieg
Immer abwechselnd ist jeweils ein Gruppenmitglied verantwortlich für den Einstieg in ein Gruppentreffen oder in eine gemeinsame Lernphase.

13.3.1.1. Gruppenselbstdarstellung
In Gruppenstunden sowie im Unterricht werden technische Hilfsmittel hergestellt und gebraucht, die den Gruppen eine Selbstdarstellung ermöglichen, z. B.

- ein Gruppenschild (über dem Gruppentisch)
- eine Gruppendose (mit Büroartikeln)
- ein Gruppenbuch (für Nettigkeiten, Fotos, Beschwerden, Ideen, ...).

13. Projekttag beginnen

Gesellschaftspolitischer Bezug

Projektschritt

troffenheit, Gefühle und Parteilichkeit Ausdruck finden und thematisiert werden, ergeben sich langfristige Zielvorstellungen und Voraussetzungen für persönliches Engagement und solidarisches Handeln in der Zukunft.

Sonstige Projektkriterien:
Kollektiv Lehrender und Lernender (Kap. 3, 17)
Vertrauen (Kap. 2)
Emotionalität (Kap. 1, 20)

Methoden

13.3.2. Erwartungskarten

Jedes Gruppenmitglied schreibt auf eine Erwartungskarte (eine Karteikarte in Postkartengröße) oben seinen eigenen Namen auf und darunter Erwartungen in bezug auf das Thema, die Gruppenmitglieder und die Umgebung. Anschließend werden die Erwartungskarten innerhalb der Gruppe reihum vorgelesen.

Übungen

13.3.2.1. Ich finde gut an dir, daß

Jede/r schreibt den eigenen Namen oben auf die Vorder- und Rückseite eines Blattes Papier.
Auf die Vorderseite kommt darunter:
Ich finde gut an dir, daß ...
auf die Rückseite:
Ich wünsche mir von dir, daß ...
Die Blätter gehen reihum, jede/r kann, muß aber nicht schreiben, jede/r kann, muß aber nicht die Äußerung mit dem eigenen Namen versehen.
Anschließend sollte Gelegenheit gegeben werden, nachzufragen, wenn etwas nicht verstanden wurde.

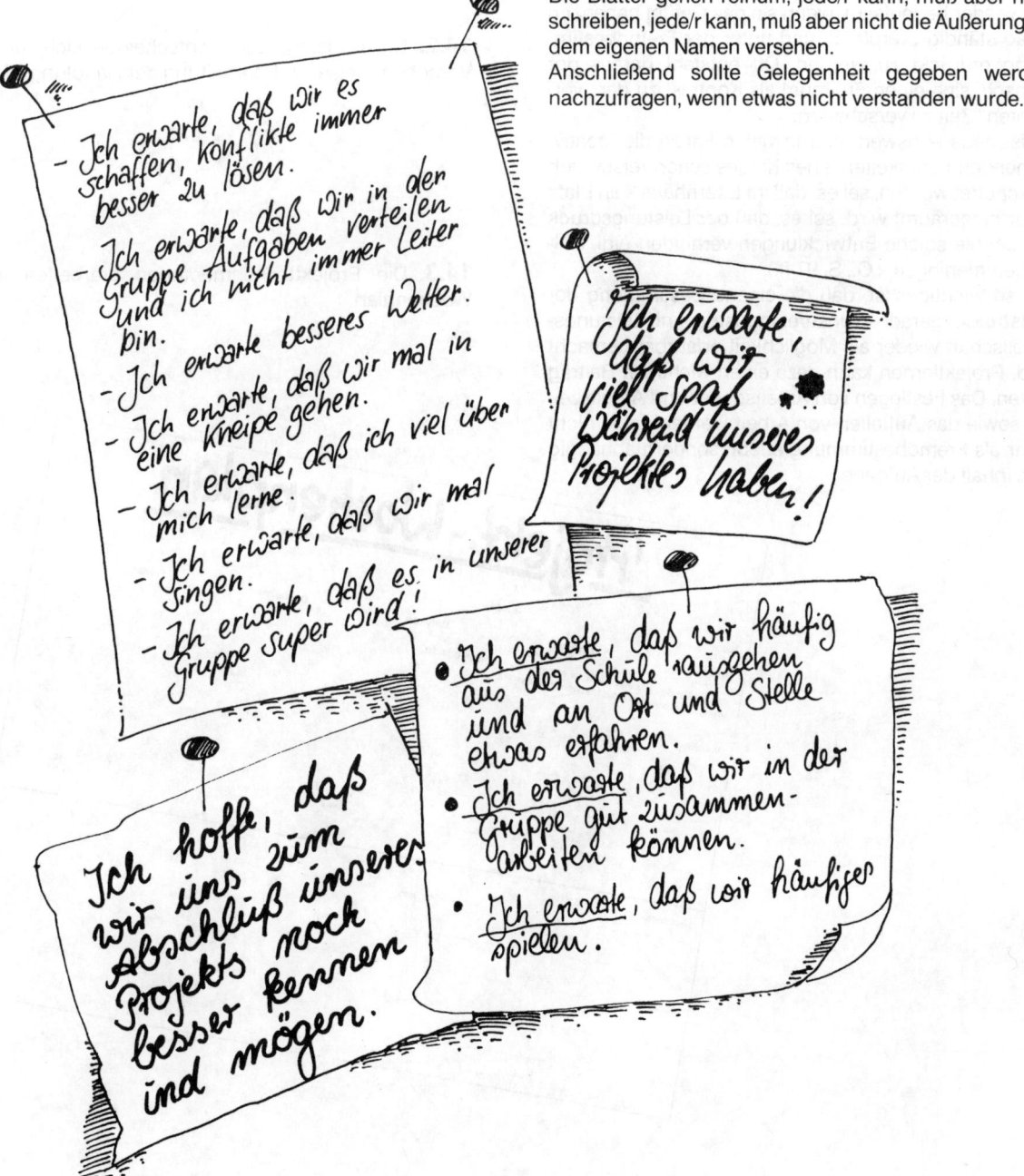

14. Wochenplan erarbeiten

Zum Projektlernen gehört, daß nicht nur die Ziele festgelegt werden, sondern auch die unterschiedlichen Tätigkeiten zum Erreichen dieser Ziele, ihre Abfolge, ihre Dauer sowie ihre Bearbeitung. All dies muß von einzelnen Personen oder Gruppen geplant und organisiert werden.

Gesellschaftspolitischer Bezug

Selbstbestimmung und **Selbstorganisation** sind Kindern, Jugendlichen und Erwachsenen oft nur aus wenigen Alltagssituationen bekannt. Freiräume, die Eigeninitiative und damit eigenes Planen erfordern, beschränken sich häufig auf solche Anlässe wie Vorbereiten eines Geburtstagsfests, eines Wochenendausflugs oder der Ferien.

„Selbstbestimmtes Planen" wird für viele Menschen erst wieder bedeutsam, wenn sie das Gefühl haben, im Alltag ständig „verplant" und unter der Fremdbestimmung erdrückt zu werden. Oft entsteht daraus der Wunsch, sich einen Freiraum als Kontrast zu der „verplanten" Zeit zu verschaffen.

Es ist bedauernswert, daß in vielen Fällen die kreativ-planenden Fähigkeiten eines Kindes schon relativ früh verschüttet werden, sei es, daß im Elternhaus kein Platz dafür eingeräumt wird, sei es, daß der Leistungsdruck der Schule solche Entwicklungen verhindert (vgl. Heller/Semmerling, a.a.O., S. 97 ff.).

Um so wichtiger ist, daß die eigene Bestimmung der **Zeitstruktur** gerade in unserer Industrie- und Leistungsgesellschaft wieder als Möglichkeit erfahrbar gemacht wird. Projektlernen kann dazu einen wichtigen Beitrag leisten. Das Festlegen von Arbeitsdauer und Arbeitszeiten sowie das Aufteilen von Arbeit werden dabei nicht mehr als Fremdbestimmung erlebt, sondern abhängig vom Inhalt der Aufgabe.

Projektschritt

14. Wochenplan erarbeiten

14.1. Alle Projektteilnehmer/innen informieren sich über den aktuellen Vorbereitungsstand bezüglich der Projektinhalte.

14.2. Die Projektgruppen entscheiden sich für eine Vorgehensweise zur Bearbeitung der Handlungsziele.
K. 14.2.

14.3. Die Projektteilnehmer/innen erarbeiten einen Wochenplan.

14. Wochenplan erarbeiten

Methoden

14.1.1. Aktueller Informationsstand
Die Projektgruppen schauen sich die zu Bereichen zusammengefaßten und nach einer bestimmten Reihenfolge geordneten Handlungsziele (vgl. 7.3.2. und 7.3.3.) sowie die Wandzeitung mit dem Beziehungsgeflecht (vgl. 7.3.4.) an.

14.2.1. Wochenplan-Entscheidungshilfe
Den Projektteilnehmern/innen wird anhand der Wochenplan-Entscheidungshilfe deutlich, welche unterschiedlichen Vorgehensweisen zur Bearbeitung von Handlungszielen möglich sind. Die Kleingruppen diskutieren darüber und suchen sich die ihnen entsprechende Möglichkeit aus.
K. 14.2.

14.3.1. Projekt-Wochenplan
Die Gruppenmitglieder erhalten je einen Projekt-Wochenplan (vgl. Gruppenordner 13.2.1.) und füllen ihn aus (diese können auch individuell verschieden ausgefüllt werden).
K. 14.3.1.

14.3.2. Was – Wann – Wie und Wo?
Die Projektteilnehmer/innen entwickeln auf einer Wandzeitung mit Hilfe der Stichworte „Was – Wann – Wie – Wo" einen für ihre Gruppe gültigen Arbeitsplan.

Übungen

14.1.1.1. Informationsrunde
Zu Beginn einer Arbeitsphase tauschen die einzelnen Gruppen kurz ihre Arbeitsergebnisse aus und vermitteln den anderen Gruppen ihr weiteres Vorgehen.

14.2.1.1. Zahlenbildrätsel
Eine Gruppe hat die Aufgabe, ein Phantasietier zu zeichnen. Voraussetzung dafür ist, daß eine Menge Mathematikaufgaben gelöst werden müssen.
Vor Beginn der Arbeit sollte sich die Gruppe darüber bewußt werden, durch welche Form der Arbeitsteilung die Aufgabe schnell und effektiv gelöst werden kann.
K. 14.2.1.1.

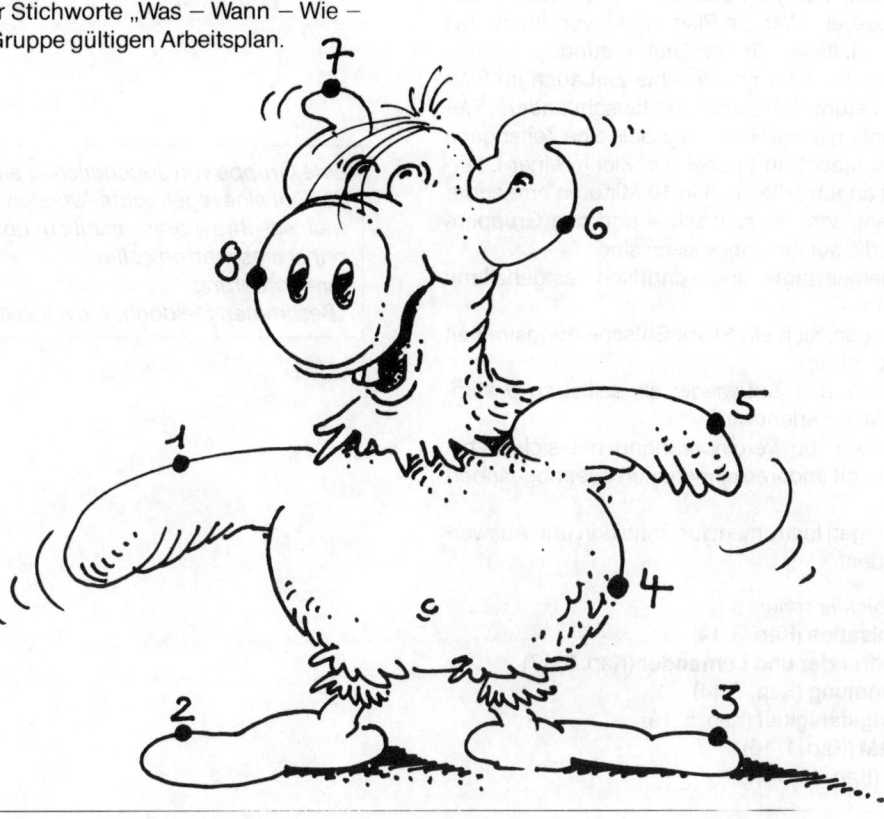

15. Tagesplan aufstellen

„Wer nicht weiß, wohin er will, braucht sich nicht zu wundern, wenn er ganz woanders ankommt" (Mager, a.a.O.). Projektlernen beinhaltet, sich Klarheit über die eigenen Ziele, Methoden, Mitarbeiter/innen, Materialien und Arbeitszeiten zu verschaffen.

Gesellschaftspolitischer Bezug

Wenn gesagt wird „Kommt, laßt uns loslegen!" so kann sich dahinter ein heimlicher Führungsanspruch oder auch ein Widerspruch zwischen starker inhaltlicher Motivation und großer Unsicherheit wegen ungenügender arbeitsmethodischer Kompetenz verbergen. Beides ist ein Widerspruch zu selbstbestimmtem und herrschaftsfreiem Projektlernen.
Offene Lernsituationen im Sinne von „Trial and Error" (Versuch und Irrtum) entsprechen nicht der Projektidee, sondern planvolles, **zielgerichtetes Lernen** und Handeln. Planung muß dabei allerdings so offen und veränderungsfähig sein, daß Erfahrungen im Prozeß der Durchführung von Arbeits- und Lernschritten als neue Planungselemente wieder mit einbezogen werden können. Zusammengefaßt heißt das also:
Zielgerichtetes Lernen und Handeln statt ziellosem Trial and Error, selbstbestimmtes und selbstorganisiertes Planen statt Abhängigkeit von „Machern" oder spontihafter Aktion, aufeinander abgestimmtes und kollektives Vorgehen statt Individualismus.
Leider ist es in den wenigsten Gruppen so, daß dies alles nicht mehr gelernt werden müßte. **Herrschaftslosigkeit** wäre an viel mehr Stellen möglich, wenn es die „Zäune" in unseren Köpfen nicht gäbe. Wer in seiner Tagesplanung Pausen „vergißt", obwohl er sie hundertprozentig nehmen wird, verhält sich entsprechend dem Prinzip „Oben – Unten", obwohl das „Oben" nur noch in seinem Kopf existiert. Wer die Planung so vornimmt, daß dabei ein „zufälliges" Treffen mit Freunden herauskommt, ohne die dafür gewünschte Zeit auch im Plan anzugeben, belügt sich selbst und täuscht andere. Wer für das Erreichen eines Handlungsziels eine Zeitangabe von Stunden macht und dabei das Ziel in einer Oberflächlichkeit angeht, die auch in 10 Minuten erreichbar gewesen wäre, schadet sich selbst und den Gruppenmitgliedern, die auf ihn angewiesen sind.
Intensive, gemeinsame und schriftlich festgehaltene Planung kann
- dazu zwingen, sich ein Stück Entscheidungsfreiheit zurückzuerobern,
- dazu führen, daß Zeit wieder als selbst zu bestimmender Faktor erlebt wird,
- verdeutlichen, ob Vereinbarungen mit sich selbst oder auch mit anderen eingehalten oder abgeändert wurden,
- zum wichtigen Instrument für Reflexion und Auswertung werden.

Sonstige Projektkriterien:
Selbstorganisation (Kap. 3, 14)
Kollektiv Lehrender und Lernender (Kap. 3, 17)
Selbstbestimmung (Kap. 7, 14)
Entscheidungsfähigkeit (Kap. 5, 19)
Lernintensität (Kap. 1, 16)
Zeitstruktur (Kap. 11, 14)

Projektschritt

15. Tagesplan aufstellen

15.1. Die Projektteilnehmer/innen sammeln die nötigen Daten zur Erstellung von Tagesplänen.

15.2. Die Projektteilnehmer/innen regeln gegebenenfalls organisatorische Voraussetzungen für die Erreichung des Handlungsziels.

Eine Gruppe von Jugendlichen entwickelte im Laufe der Zeit eine regelrechte Aversion gegen Tagespläne, weil sie ihre voraussichtlich benötigte Arbeitszeit selbst einschätzen sollte.
Ihre Forderung:
„Bestimmen Sie doch, wieviel Zeit wir brauchen!"

Methoden

15.1.1. Daten sammeln
Jedes Gruppenmitglied wählt in Einzelarbeit die günstigste Methode für das eigene Handlungsziel (vgl. 8.2.), überlegt, wo das Handlungsziel am besten bearbeitet werden kann (vgl. 7.3.4.), stellt Überlegungen an, welche Materialien und wieviel Zeit zur Erreichung des Handlungsziels notwendig sind. Schließlich fragt es in der Gruppe, wer ihm bei einzelnen Schritten zur Bearbeitung des Handlungsziels behilflich sein will.

15.2.1. Lernort — außerhalb
Sind die Gruppenmitglieder darauf angewiesen, zur Erreichung eines Handlungsziels öffentliche Verkehrsmittel zu benutzen, so stellen sie mit Hilfe eines Streckennetzes und eines Fahrplans ihren Fahrweg und ihre Fahrzeit zusammen.

15.2.2. Zeiterfragung
In Fällen, wo Projektteilnehmer/innen zur Bearbeitung eines Handlungsziels an Öffnungszeiten (Bibliotheken, ...) oder Termine mit einzelnen Personen oder Institutionen gebunden sind, klären sie zu vereinbarende Zeiten telefonisch ab.

15.2.3. Raumermittlung
Einige Handlungsziele lassen sich nur in Fachräumen (Labor, Küche, Werkraum, ...) erreichen. Ist dies der Fall, so erkunden die Gruppenmitglieder, wo solch ein Raum zur Verfügung steht und ob und wann sie ihn benutzen können.

Übungen

15.1.1.1. Multiple-Choice
Die Gruppenmitglieder erhalten eine Konfliktbeschreibung mit mehreren Lösungsmöglichkeiten. Sie sollen in 2 Minuten die ihrer Meinung nach günstigste ankreuzen.
Konfliktbeschreibung:
Eine Schulklasse hat die Möglichkeit, eine Spielhölle zu besichtigen. Einige Jungen und viele Mädchen haben keine Lust. Was soll die Gruppe tun?

- Die Spielhölle besichtigen, weil 18 von 35 dafür sind.
- Gemeinsam dafür sorgen, daß im nächsten Monat eine Besichtigung stattfindet, die alle interessiert.
- Den anderen sagen, daß es doch egal ist, was man tut, Hauptsache: action.
- Die Interessierten besichtigen die Spielhölle, die anderen machen Unterricht.

15.2.1.1. Traumreise
Im Spiel äußert jede/r einen Wunschort, wo er/sie hinreisen möchte, wenn er/sie eine Traumreise gewonnen hätte. Ebenfalls gibt er/sie möglichst detailliert an, wie er/sie diesen Traumort erreicht.

Während einer Projektwoche versuchte eine Gruppe mehrmals, längere Zeiten für das Erreichen eines Handlungsziels anzugeben als sie effektiv benötigte. Auf diese Art und Weise gelang es ihr, Pausenzeit zu „ergattern", die sie aber offiziell nicht zugeben wollte.

15. Tagesplan aufstellen

Gesellschaftspolitischer Bezug

Projektschritt

15.3. Die Gruppenmitglieder erstellen einen Tagesplan.

> *Erwachsene, die ein Projekttraining für Erzieher/innen vorbereiteten, indem sie dies als ihr eigenes Projekt auffaßten, arbeiteten an einem Wochenende mit Hilfe von Tagesplänen.*
> *Das Ergebnis:*
> *die Zeiteinschätzung war meist falsch, die Arbeitseffektivität wurde stark erhöht.*

15.4. Die Gruppen kontrollieren und korrigieren gegebenenfalls ihre Tagespläne.

Projekt-Tagesplan

Tag: _____
Name: _____
Gruppe: _____

Handlungsziel (Stichwort)	Was mache ich dazu und wo mache ich es?	Mit wem mache ich es?	Welches Material brauche ich?	Wann? (von ... bis ...)

Methoden

15.3.1. Projekt-Tagesplan
Die Projektteilnehmer/innen nehmen aus ihrem Gruppenordner einen Projekt-Tagesplan und füllen ihn aus.
K. 15.3.1.

15.4.1. Tagesplan-Kontrolle
Die Gruppenmitglieder geben ihren eigenen Projekt-Tagesplan innerhalb der Gruppe weiter und lassen ihn auf Richtigkeit und Vollständigkeit hin überprüfen und gegebenenfalls korrigieren.

Übungen

15.3.1.1. Zeit-Protokoll
(vgl. 11.3.1.1.)

15.3.1.2. Kurz-Überlegung
Jeweils nach einer Arbeitsphase überlegen die Gruppenmitglieder:

- Wie habe ich was und wo gemacht?
- Mit wem habe ich es gemacht?
- Welches Material brauchte ich dazu?

Anschließend teilen sie ihre Ergebnisse der gesamten Gruppe mit.

15.4.1.1. Gruppenkontrolle
Sollen nach einer Arbeitsphase die Ergebnisse miteinander verglichen und gegebenenfalls berichtigt werden, so gibt jede/r das Heft (oder anderes) an den/die linke/n Nachbarn/in weiter. Stellt sich heraus, daß ein Arbeitsergebnis falsch ist, so wird dies von der kontrollierenden Person gekennzeichnet und eventuell berichtigt. Es ist wichtig, dies sauber und exakt zu machen mit dem Ziel, dem/der anderen zu helfen, und nicht mit dem Ziel, ihm/ihr „eins auszuwischen".

16. Handlungsziele erreichen

Bewußt zielgerichtet handeln und dabei vielfältige Erfahrungen machen: der Höhepunkt des Projektlernens bietet unzählige Chancen, die aber eigentlich nie alle gleichzeitig genutzt werden können. Eine Steigerung der Lernintensität jedoch ist immer möglich, wenn sie nur gewollt wird.

Gesellschaftspolitischer Bezug

„Entmündigung durch Experten" ist ein Buch von Ivan Illich (und anderen), in dem beschrieben wird, wie „neue Spezialisten" menschliche Bedürfnisse erst erfinden, um sie dann zu befriedigen und sich dafür bezahlen zu lassen. Projektlernen schafft die Grundlagen, um gegen solche Entmündigung Widerstand zu leisten. Betroffene formulieren hierbei ihre eigenen Ziele in der Auseinandersetzung mit ihrer Umwelt; sie sind auch selbst verantwortlich dafür, diese Ziele zu erreichen. Dagegen verweisen didaktisch zubereitete Häppchen mit Informationen, Lernwegen und Kontrollstationen mehr auf Reste von Schul- und Dienstleistungsstrukturen als auf Projektlernen.

Lernen im Lebensraum ermöglicht geographische, bauliche, verkehrstechnische, soziologische, politische und viele andere Erkenntnisse. Gleichzeitig kann der Lebensraum erlebt werden: Kinder beziehen dies z. B. auf „ihre Straße", auf „ihr Waldstück", „ihren Hinterhof". Nicht zuletzt bieten Lebensräume Möglichkeiten für Aneignungen zum Spurensichern und zur Lebensbewältigung (vgl. Lecke, a.a.O., S. 37 ff.).

Neue Tat-Orte können zu zusätzlichen Handlungsenergien führen. Wenn die anerzogene passive Haltung überwunden wird, eröffnen sich Aktivitätsräume, die vorher gar nicht wahrgenommen wurden.

Um diese Erfahrungen machen zu können, muß jedoch *gehandelt* werden: eine Barriere, die vielen unüberwindlich scheint (vgl. Gronemeyer, M., a.a.O., S. 113–148).

In diesem Zusammenhang kann die „Vorbild-Wirkung" besondere Bedeutung bekommen. Basisgruppen, die bestimmte Erfahrungen gemacht haben und ihre Kompetenzen weitergeben, können Ängste bei anderen verringern und Solidaritätsgefühle erzeugen. Sie handeln als „Peergruppen" (Menschen, die sich als Gleichgestellte fühlen) und knüpfen mit an **„Kleinen Netzen"** für stadtteilorientierte Kultur- und Bildungsarbeit (vgl. Karas/Hinte, a.a.O. und Noll/Blumbach/Goldmann, a.a.O.). Gleichzeitig leben sie vor, wie durch kollektives Arbeiten nicht nur materielle, zeitliche, inhaltliche, ... Probleme besser zu lösen sind, sondern auch psychische Ängste und Motivationsverlust eher aufgefangen werden können.

Aus den bisherigen Ausführungen ergibt sich, daß oberflächlich bearbeitete Handlungsziele nicht (immer) auf Faulheit von Projektteilnehmern/innen zurückzuführen sind. Die bewußte Auseinandersetzung mit Erfahrungen und Erlebnissen muß erst als reiz-voll, auf-regend und wert-voll erlebt werden, bevor Gruppenmitglieder sich dieser Mühe unterziehen. **Lernintensität** ist deshalb als Prozeß zu verstehen, den alle Lehrenden und Lernenden einer Projektgruppe durch eigenes Lernverhalten steuern. Wenn trotz (oder gerade wegen) arbeits-

Projektschritt

16. Handlungsziele erreichen

16.1. Die Gruppenmitglieder besorgen sich das notwendige Arbeitsmaterial.

16.2. Die Gruppenmitglieder führen die selbstgewählten Aufgaben durch.

Methoden

16.1.1. Nachbarschaftshilfe
Wissen die Gruppenmitglieder, welche Materialien sie zur Erreichung des Handlungsziels benötigen, so taucht die Frage nach dem „Woher nehmen?" auf, wenn die Materialien nicht als „selbstverständlich vorhanden" vorauszusetzen sind.
Eltern, Freunde, Verwandte, Nachbarn können von den Gruppenmitgliedern angesprochen werden, wenn es um das zur Verfügungstellen von Gebrauchsgegenständen geht.

16.1.2. Günstige Quellen
Werden sogenannte „Abfall- und Wegwerfprodukte" benötigt, so können die Gruppenmitglieder Organisationen oder Einrichtungen aufsuchen, die damit zu tun haben, und versuchen, möglichst billig an Materialien heranzukommen,
z. B. Autoteile – Schrottplatz
　　　Holzreste – Sägewerk/Heimwerkerbedarf.
(Hinweis: Branchenbuch benutzen).

16.1.3. Einkaufen
Oft ist es erforderlich, Materialien neu zu besorgen. Die Projektteilnehmer/innen klären vorher die Finanzierungsmöglichkeiten ab, überprüfen, ob Sammelbestellungen möglich sind, und kaufen anschließend ihre Materialien in den entsprechenden Geschäften ein.

16.1.4. Ausleihen
Zum Thema bzw. zu den Handlungszielen gehörende Bücher, Zeitschriften, Filme, ... werden von den Projektteilnehmern/innen in Stadtbibliotheken, Filmbildstellen, Medienzentren, ... ausgeliehen.

16.2.1. Auf geht's
Die Gruppenmitglieder bearbeiten ihre Handlungsziele entsprechend den Angaben in ihren Tagesplänen. Dabei achten sie darauf, daß ihre Arbeitsergebnisse für die Darstellung der Projektergebnisse verwendbar sind (vgl. Richtziel). Stellen die Gruppenmitglieder während der Bearbeitungsphase Abweichungen zum Tagesplan fest, so notieren sie diese für die spätere Reflexion.

Übungen

16.1.1.1. Materialproblem
Für Gruppenstunden oder Arbeitsphasen benötigtes Arbeitsmaterial wird gemeinsam auf einer großen Wandzeitung aufgelistet. In einer weiteren Spalte werden Möglichkeiten gesammelt, wo diese Materialien besorgt werden können. Schließlich wird noch festgehalten, welche Personen für die Beschaffung verantwortlich sind.

16.1.1.2. Das kann ich nicht
In Rollenspielen wird versucht, Gesprächsmöglichkeiten über Kauf-, Tausch- und Leihsituationen einzuüben.

Gesellschaftspolitischer Bezug

Projektschritt

teiligem Vorgehen Strukturen entdeckt und Verknüpfungen herausgearbeitet werden, ergibt dies nicht selten Aha-Erlebnisse der Gruppe, die zu regelrechter Begeisterung führen.

Sonstige Projektkriterien:
Emotionalität (Kap. 1, 20)
Interaktion (Kap. 1)
Kollektiv Lehrender und Lernender (Kap. 3, 17)
Herrschaftslosigkeit (Kap. 10, 15)
Interessengebundenheit (Kap. 4)
Motivation (Kap. 2, 13)
Lebenszusammenhang (Kap. 6)
Kompetenzen (Kap. 6, 20)
Zielgerichtetes Lernen (Kap. 15)
Kollektive Produkte (Kap. 9)
Selbstbestimmung (Kap. 7, 14)

Methoden

16.2.2. Hürden überwinden

Tauchen plötzlich bei einem Gruppenmitglied Barrieren der Art auf, daß es mit der Bearbeitung des Handlungsziels nicht beginnen kann, versuchen andere Gruppenmitglieder mit ihm gemeinsam an das Problem heranzukommen. Folgende Möglichkeiten bieten sich an:

- Aktives Zuhören
  (vgl. 5.4.1.2.)
- Rollentausch
  (vgl. 5.5.1.1.)
- Konflikterhellung
  (vgl. 5.5.1.2.).

16.2.3. Stützen

Stellt ein Gruppenmitglied fest, daß es bei der Bearbeitung von Handlungszielen auf unüberwindbare Hindernisse und Ängste in der Begegnung mit anderen Menschen, Situationen oder Institutionen trifft, so wird in der Projektgruppe überlegt, ob jemand seine Erfahrungen zur Hilfe anbieten kann oder ob ein oder mehrere Projektteilnehmer gemeinsam mit ihm das Handlungsziel bearbeiten können.

Übungen

16.2.3.1. Blinder Spaziergang

Jeweils zwei Teilnehmer/innen einer Gruppe bilden ein Paar. Partner/in A ist Blindenführer/in, Partner/in B der/die Blinde. Beide unternehmen einen Spaziergang, der dem/der Blinden möglichst viele Erfahrungen des Berührens, Riechens, Hörens, aber auch der Bewegung, des Überwindens von Hindernissen und der Begegnung mit anderen Menschen vermittelt. Der Spaziergang sollte deshalb auch ins Freie führen. Beide können auch ein Stück rennen, tanzen usw. Der/die Führer/in muß den/die Blinde/n dabei vor allen Gefahren schützen. Es darf nicht gesprochen werden; so können die Eindrücke tiefer erlebt werden. Nach etwa 10 Minuten werden die Rollen gewechselt. Anschließend tauschen beide ihre Erfahrungen aus.

16.2.3.2. Kreissitzen

Im Freien oder in einer Situation, wo es keine Sitzgelegenheit gibt, sich dennoch einige Gruppenmitglieder hinsetzen möchten, stellen sich alle Gruppenmitglieder ganz eng hintereinander im Kreis auf, so daß die Fußspitzen jeweils die Fersen des Vordermannes/der Vorderfrau berühren. Dann setzen sich alle auf die Knie des Hintermenschen. Wenn es gut klappt, sitzen alle gemeinsam gemütlich im Kreis.

17. Arbeitsergebnisse mitteilen

Informationsvermittlung in Gruppen hat nicht selten den Geruch von Leistungsüberprüfung. Projektlernen beinhaltet, daß die Teilnehmer/innen rational und psychisch die Informationsvermittlung und -aufnahme als Projektschritt anerkennen, der zum Erreichen des gemeinsamen Ziels nötig ist. Nur ein regelmäßiger Austausch von Arbeitsergebnissen kann allen das Bewußtsein vermitteln, daß die vielen „Puzzle-Teile" zusammengehören und kollektiv erarbeitet wurden.

Gesellschaftspolitischer Bezug

Wir haben gelernt, das Mitteilen von Arbeitsergebnissen als Form der Leistungsüberprüfung zu akzeptieren. Selektion (Auslese) ist die Absicht, Konkurrenz und Gegeneinander sind die Folge.

Projektteilnehmer/innen sind darauf angewiesen, daß ihnen Arbeitsergebnisse mitgeteilt werden, weil sie sonst ihr kollektives Ziel nicht erreichen können. Ergibt sich aus dieser Erkenntnis die Bereitschaft zur Informationsvermittlung und gleichzeitig zur kritischen Informationsaufnahme, so ist der wichtigste Schritt zu einem kooperativen Umgang miteinander getan. Das Oben-Unten-Verhältnis und institutionell bedingte Rollen können dann in einem gemeinsamen Lernprozeß durch ein **Kollektiv Lehrender und Lernender** abgelöst werden. Daß dies nicht ohne Brüche und manchmal nur schmerzhaft geht, soll nicht verschwiegen werden. Arbeitsprodukte sind oft genug nämlich „symbolisch vermittelte Ergebnisse eines Lernprozesses, aus denen Spuren dieses Prozesses zumindest für diejenigen getilgt sind, die an ihm nicht teilgenommen haben". (Scheller, a.a.O., S. 91).

Zur Bereitschaft, die Informationsvermittlung als wichtigen Zwischenschritt hin zum gemeinsamen Ziel anzuerkennen, gehören also auch Fähigkeiten, dies tun zu können. Pädagogen/innen lernen Informationsvermittlung in der Regel von Experten/innen, Projektteilnehmer/innen müssen sie sich meist selbst beibringen. Wer die Angst überwindet, Arbeitsergebnisse in einer interessanten und ungewöhnlichen Form „mitzuteilen", macht diesen Projektschritt nicht selten zum Erlebnis, bei dem mit Spaß und ganz nebenbei gelernt werden kann.

Sonstige Projektkriterien:
Selbstorganisation (Kap. 3, 14)
Lernen als Prozeß (Kap. 8, 18, 21)
Kompetenzen (Kap. 6, 20)
Kollektive Produkte (Kap. 9)

Projektschritt

17. Arbeitsergebnisse mitteilen

17.1. Die Projektteilnehmer/innen werten die Materialien aus, die sie beim Erreichen der Handlungsziele zusammengetragen haben (entsprechend dem Richtziel).

Methoden

Übungen

17.1.1. Verbale Materialien

Sie können in einer Form ausgewertet werden, die sie benutzbar machen für

- ein Hearing
  (vgl. 17.3.1.)
- ein Rotierendes Plenum
  (vgl. 17.3.2.)
- eine Lügengeschichte
  (vgl. 17.3.3.)
- ein Streitgespräch
- einen Vortrag.

17.1.2. Visuelle Materialien

Sie können in einer Form ausgewertet werden, die sie benutzbar machen für

- eine Ausstellung
  (vgl. K. 9.2.)
- eine Vorführung
  (vgl. K. 9.2.)
- eine Collage
  (vgl. K. 9.2.)
- einen Videofilm
  (vgl. K. 9.2.)
- eine Fotoausstellung
  (vgl. K. 9.2.).

17.1.3. Manuelle Materialien

Sie können in einer Form ausgewertet werden, die sie benutzbar machen für

- eine Vorführung
- ein Experiment
- ein Ausprobieren.

17.1.4. Szenische Materialien

Sie können in einer Form ausgewertet werden, die sie benutzbar machen für

- ein Rollenspiel
- einen Sketch
  (vgl. K. 9.2.)
- eine Szene
  (vgl. K. 9.2.).

17.1.1.1. Hobby-Experte

In einem 3-Minuten-Vortrag wird das eigene Hobby beschrieben (stehend vor der Gruppe), anschließend werden Fragen dazu vom Hobby-Experten beantwortet.

17.1.1.2. Gelogen

Gruppenteilnehmer/innen erzählen drei Erlebnisse aus ihrem Leben. Eins davon ist allerdings gelogen. Die Zuhörer/innen sollen die gelogene Geschichte herausfinden.

17.1.2.1. Denk-Mal

Die Gruppen machen unabhängig voneinander Wanderungen. Sie bringen von unterwegs Materialien mit, die den anderen Gruppen wichtige Hinweise auf Sehenswertes ihres Wanderweges geben. Die Materialien werden zu einem Denk-Mal zusammengestellt.

17.1.3.1. Versuchslabor

Jede/r bringt mindestens einen Gegenstand mit, der sich für Versuche eignet.
Fragestellungen:

- Was passiert, wenn . . . ?
- Wie sieht . . . von innen aus?
- Wer schafft es, . . . ?

17. Arbeitsergebnisse mitteilen

Gesellschaftspolitischer Bezug

Projektschritt

17.2. Die Projektgruppe überprüft und diskutiert die aufbereiteten Materialien, um sie anschließend in Zusammenhang mit den anderen bearbeiteten Handlungszielen zu stellen.

17.3. Die Projektgruppen stellen ihre Arbeitsergebnisse vor und halten Verbesserungsvorschläge fest.

Methoden

17.1.5. Hörbare Materialien
Sie können in einer Form ausgewertet werden, die sie benutzbar machen für

- eine Hörkassette
  (vgl. K. 9.2.)
- eine Hörszene.

17.2.1. Bezugsfäden
Nachdem die Projektgruppe die vorliegenden Materialien überprüft und diskutiert hat, verknüpft sie solche Materialien mit Fäden, wo sie Bezüge zu anderen Materialien bzw. Handlungszielen erklären und herstellen kann (diese müßten allerdings über die Tatsache hinausgehen, daß die Materialien ein gemeinsames Thema haben).

17.2.2. Auslieferungslager
Die überprüften und diskutierten Materialien werden mit Handlungszielen versehen, zu denen sie Bezug haben, und in einem „Lager" abgestellt.

17.3.1. Hearing
Die „Expertinnen" halten der Reihe nach einen Kurzvortrag (3 Min.?) über die Ergebnisse ihrer Arbeit. Die Zuhörer/innen sammeln gleichzeitig und anschließend Fragen, die sie beantwortet haben möchten.
Die „Expertinnen" werden befragt. Jede nicht beantwortete Frage muß notiert und zu einem späteren Zeitpunkt beantwortet werden.

Übungen*

17.1.5.1. Geräusche
Auf Kassettenrecorder werden Geräusche aufgenommen, die jede/r kennt, die aber trotzdem nicht sofort zu erkennen sind. Die Zuhörer/innen versuchen, die Geräusche zu bestimmen.

17.3.1.1. Hobby-Experte
(vgl. 17.1.1.1.)

17. Arbeitsergebnisse mitteilen

Gesellschaftspolitischer Bezug

Projektschritt

Methoden

17.3.2. Rotierendes Plenum

Die Mitglieder jeder Projektgruppe müssen sich darauf einigen, wie die anderen Gruppen informiert werden sollen (jede/r macht sich Notizen).
Alle Gruppenmitglieder bekommen Zettel mit gleichen Buchstaben, aber verschiedenen Zahlen (A1, A2, A3, ...), die der anderen Gruppe B1, B2, B3, ...
Alle Projektteilnehmer/innen mit der gleichen Zahl treffen sich in einer neuen Gruppe (1-er-Gruppe, 2-er-Gruppe, ...) und teilen die Arbeitsergebnisse mit.
Es muß darauf geachtet werden, daß in jeder neuen Gruppe mindestens ein/e Vertreter/in jeder Projektgruppe anwesend ist.
Verbesserungsvorschläge werden festgehalten.

17.3.3. Lügengeschichte

Bei der verbalen Mitteilung der Arbeitsergebnisse sollen Lügen versteckt sein, die die Zuhörer/innen herausfinden sollen.
Anschließend werden zu den Arbeitsergebnissen Verbesserungsvorschläge gemacht.

17.3.4. Streitgespräch

17.3.5. Vortrag

17.3.6. Ausstellung
(vgl. K. 9.2.)

17.3.7. Aufführung
(vgl. K. 9.2.)

17.3.8. Collage
(vgl. K. 9.2.)

17.3.9. Videofilm
(vgl. K. 9.2.)

17.3.10. Fotos
(vgl. K. 9.2.)

17.3.11. Szene
(vgl. K. 9.2.)

17.3.12. Hörkassette
(vgl. K. 9.2.)

17.3.13. Hörszene

17.3.14. Experiment

17.3.15. Rollenspiel

Übungen

17.3.3.1. Gelogen
(vgl. 17.1.1.2.)

18. Projekttag reflektieren

Lernen im Projekt beinhaltet selbständiges Lernen. Lernende und Lehrende erwerben sich neue Erfahrungen und Erkenntnisse durch den gemeinsam organisierten Lernprozeß. Auch die Erfahrungen mit den Schwierigkeiten und Vorteilen dieses Lernens bieten die Chance, über Lernprozesse nachzudenken (Warum klappt es jetzt nicht? Warum hat es gestern geklappt? Was müssen wir anders machen?) und dadurch das Lernen zu lernen.

Gesellschaftspolitischer Bezug

Werden häufig in der didaktischen Literatur die Begriffe „Beurteilung" und „Auswertung" von Lernsituationen und Unterricht nicht klar voneinander abgegrenzt, so kann vom Verständnis des Projektlernens her nur letzterer Anwendung finden.

Beurteilung hat in der Tat etwas mit Bewertung und Benotung zu tun; sie macht das Abhängigkeitsverhältnis von Lernenden und Lehrenden deutlich. Erfahrungsgemäß motivieren schlechte Noten nicht, sondern wirken eher entmutigend.

In den institutionalisierten und damit auch häufig ritualisierten Formen werden in der Regel Ergebnisse von Lernprozessen und nicht die Prozesse selbst bewertet. Bezogen auf fachspezifische Normen wird an den Ergebnissen der Leistungsstand des einzelnen im Vergleich zu anderen festgestellt. Fachdidaktiken bzw. die entsprechenden Bezugswissenschaften legen dabei fest, was der Norm entspricht.

Projektlernen gilt nie als abgeschlossen, sondern geht vom **Lernen als Prozeß** aus.

In den Lernprozeß werden neben dem inhaltlichen Bereich (Projektthema) der Gruppenprozeß und die emotionale Dimension einbezogen. Alle Ebenen sind untrennbar miteinander verbunden und spielen jederzeit eine gleichwichtige Rolle für den Lernprozeß jedes/r einzelnen.

In bezug auf die Planung eines Projekts agieren Lernende und Lehrende selbstverantwortlich. „Ganz entscheidend für die Realisierung der Selbstplanung und Eigenverantwortung sind immer wieder einzuschaltende Reflexions- und Koordinationspausen. Frey nennt sie „Fixpunkte", die als organisatorische Schaltstellen den Teilnehmern Gelegenheit geben, sich gegenseitig über den Stand ihrer Tätigkeiten zu informieren, die nächsten Schritte zu organisieren, den Bezug zum Gesamtvorhaben herzustellen, aufkommende Hektik oder Produktionszwang zu hinterfragen. Diese Fixpunkte können vorher festgelegt, aber auch spontan arrangiert werden. Ähnliches gilt auch für metakommunikative Phasen, in denen über die Art und Weise bisheriger Verständigung, des Umgangs mit den Projektzielen und untereinander kritisch reflektiert wird. Insbesondere Beziehungsprobleme – vor allem, wenn sie die Sacharbeit blockieren – sollten hier bearbeitet werden." (Gudjons, Herbert, a.a.O., S. 263).

Diese Auswertungsphasen sind aber auch insofern wichtig, als sie den Arbeits- und Lernprozeß einzelner bzw. einzelner Gruppen allen Projektteilnehmern/innen darstellen. Damit wird gleichzeitig eine Rückmeldung und kritische Auseinandersetzung von Personen über die eigene Arbeit ermöglicht. Die **Heterogenität** der Projektteilnehmer/innen kann sich auch hier wieder dadurch positiv auswirken, daß die Rückmeldungen sehr

Projektschritt

18. Projekttag reflektieren

18.1. Die Gruppenmitglieder reflektieren ihren Arbeits- und Lernprozeß sowohl unter rationalen als auch unter emotionalen Gesichtspunkten.

Methoden

18.1.1. Tagesreflexion
Die Gruppenmitglieder entnehmen ihrem Projekt-Gruppenordner je einen Tagesreflexionsbogen. Unter Berücksichtigung des Tagesplans überdenkt jede/r noch einmal den Ablauf des Projekttages und füllt anschließend den Tagesreflexionsbogen aus.
K. 18.1.1.

18.1.2. Selbstbeobachtung
Anhand eines Kriterienkatalogs zur Selbstbeobachtung versucht jedes Gruppenmitglied, differenzierte Aussagen über sich zu machen, indem es zu den Kriterien jeweils eine Bewertungsstufe ankreuzt.
Wenn mehrere Auswertungen in dieser Form über einen längeren Zeitraum vorgenommen werden, kann eine Kurve der Mittel- und Extremwerte erstellt werden.
K. 18.1.2.

Übungen

18.1.1.1. Kurzreflexion
Um sich dessen, was in Gruppenstunden gelaufen ist, schrittweise bewußt zu werden, sollte häufig am Ende einer Phase alles zusammengestellt werden, was an Tätigkeiten geleistet worden ist.

18.1.2.1. Plus-Minus-Kringel
Nachdem eine Gruppe entsprechend der Gruppenarbeitsspirale vorgegangen ist, reflektiert sie anschließend ihre Zusammenarbeit unter bestimmten Gesichtspunkten und bewertet sie entweder mit + (gut), − (schlecht) oder (mittelmäßig).
K. 18.1.2.1.

Gruppenarbeitsspirale

1. Wir sorgen für Arbeitsruhe.
2. Wir überprüfen, ob alle die Arbeit (Aufgabe) verstanden haben.
3. Wir verteilen unter uns die Arbeit.
4. Wir einigen uns, wie wir die Arbeit erledigen wollen.
5. Wir erledigen die Arbeit.
6. Wir überprüfen, ob alle die Arbeit fertig haben.
7. Wir diskutieren über unterschiedliche Ergebnisse und entscheiden, was wir tun.
8. Wir stellen uns gegenseitig die Ergebnisse vor und prüfen, ob alles richtig ist.
9. Wir sorgen dafür, daß alle das Gruppenergebnis erklären können.

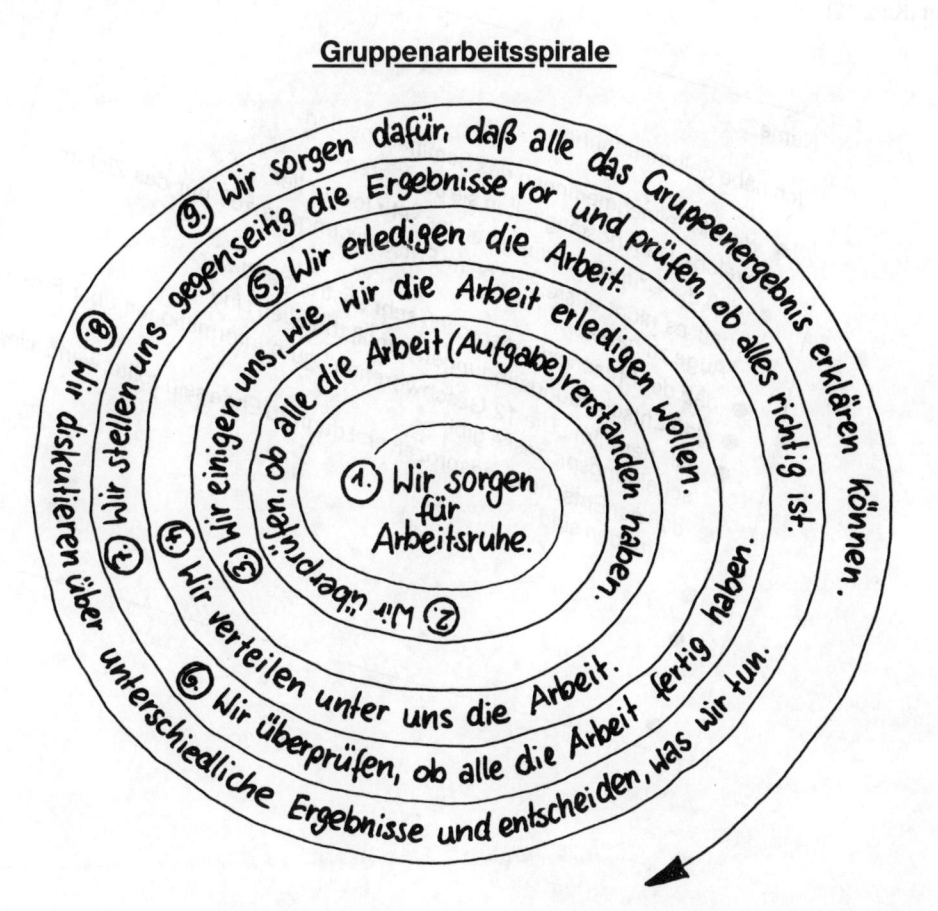

18. Projekttag reflektieren

Gesellschaftspolitischer Bezug

Projektschritt

vielfältig sein können: Desinteresse ist gepaart mit interessierter Nachfrage, anerkennender Begutachtung, angebotener Hilfestellung sowie entrüsteter oder auch erstaunter Spontanäußerung. All diese Formen sind qualitativ besser zu sehen als die in Ziffern ausgedrückte Benotung von Leistungen. (vgl. Duncker, Götz, a.a.O., S. 140).

Sonstige Projektkriterien:
Interaktion (Kap. 1)
Lernintensität (Kap. 1, 16)
Konfliktfähigkeit (Kap. 5)
Vertrauen (Kap. 2)
Kollektiv Lehrender und Lernender (Kap. 3, 17)
Selbstbestimmung (Kap. 7, 14)
Entscheidungsfähigkeit (Kap. 5, 19)
Gruppenprozesse (Kap. 5)
Komplexe Zusammenhänge (Kap. 7, 21)
Zeitstruktur (Kap. 11, 14)
Raumstruktur (Kap. 12)

LERNBOGEN

Name:

Ich habe gelernt/erfahren,
- wie die Teilnehmer/innen des Seminars heißen
- welche Lieblingstätigkeiten sie ausführen
- daß die Gruppenbildung bei uns sehr locker lief
- daß es nicht ausreicht, beim Entscheidungsprozeß nur das Ziel im Auge zu haben
- daß der Entscheidungsprozeß sehr anstrengend war
- daß Entscheidungsfindungen konfliktbeladen sind
- daß der Film „Die 12 Geschworenen" gute Informationen über Entscheidungsprozesse gibt
- daß der Entscheidungsprozeß erst dann zu Ende sein sollte, wenn alle zufrieden sind
-
-
-
-

Methoden

18.1.3. Lernbogen

Unter der Überschrift „Ich habe gelernt/erfahren..." wird auf einer Wandzeitung alles gesammelt, was von den Projektteilnehmern/innen genannt wird.
Anschließend entscheidet jede/r Teilnehmer/in bei jedem Punkt für sich, ob dieser für ihn/sie zutrifft. Trifft er zu, wird er auf einen eigenen Lernbogen geschrieben. Nach einem späteren Lernabschnitt wird der Lernbogen mit neuen Wandzeitungsergebnissen ergänzt.
Die Sammlung kann auch auf Kassettenrecorder aufgenommen, abgetippt und vervielfältigt werden, so daß jede/r einen getippten Lernbogen erhält. Auf diesem werden die persönlichen Lernergebnisse dann angekreuzt.

Übungen

18.1.2.2. Gruppen-Wettstreit

Hat eine Gruppe nach einer Arbeitsphase eines der Kriterien des Gruppen-Wettstreits erfüllt, darf sie sich ein „Sternchen" machen. Nach einem zu vereinbarenden Zeitpunkt erfolgt eine Auswertung. Werden die Ergebnisbögen langfristig ausgehängt, so ist leicht zu erkennen, wo welche Gruppe „Defizite" hat und besonders intensive Hilfe braucht.

K. 18.1.2.2.

18.1.3.1. Lernen im Haushalt?

Die Gruppenteilnehmer/innen überlegen, welche Möglichkeiten es für sie gäbe, im Haushalt bzw. in der Haushaltführung noch etwas lernen zu können. Die Ergebnisse werden auf einer Wandzeitung festgehalten.

18. Projekttag reflektieren

Gesellschaftspolitischer
Bezug
Projektschritt

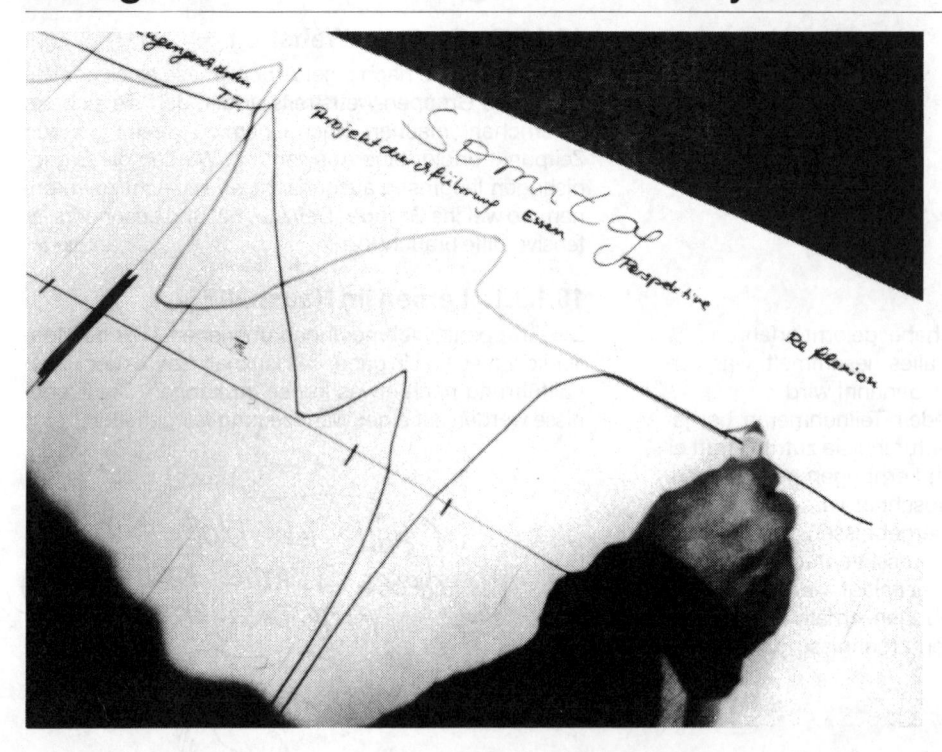

18.2. Die Reflexionsergebnisse werden der gesamten Projektgruppe vorgestellt.

Methoden

18.1.4. Drei Gesichter
Auf einem Bogen mit folgenden Gesichtern

Verbesserungsvorschläge/
Bemerkungen

tragen sich jeweils die Mitglieder einer Gruppe mit Namen ein. Dabei sollte sich jede/r fragen: „Wie war das Gruppentreffen insgesamt? Wie fühle ich mich?"
Verbesserungsvorschläge/Gründe/Bemerkungen können rechts daneben geschrieben werden.

18.1.5. Gruppenbild mit Tieren
Jedes Gruppenmitglied erhält ein Bild und schreibt unter die aufgeführten Rollen die Namen von denen, die sich in der Gruppenphase oder während des Treffens entsprechend verhalten haben (eigener subjektiver Eindruck!).
Das Ergebnis kann Gesprächsansatz sein oder auch wortlos zu Beginn der nächsten Phase allen gezeigt werden. Je mehr Namen unter „Positive" und je weniger unter den anderen Rollen stehen, desto erfolgreicher hat die Gruppe Negativ-Rollen abgebaut und Aufgaben gleichmäßig verteilt. (vgl. auch die Aufstellung von positiven „Aufgaben- und Erhaltungsrollen" in: Zoll/Lippert, a.a.O., S. 90/91).
Diese Form der Auswertung ist nur dann sinnvoll, wenn sie mehrmals hintereinander durchgeführt wird, damit die Veränderungen im Rollenverhalten einzelner deutlich werden.

K. 18.1.5.

18.2.1. Schaukasten
Eine freie Wand des Projektraums wird zum Schaukasten erklärt (und wenn möglich, entsprechend gekennzeichnet), wo die Projektteilnehmer/innen ihre Auswertungs- und Reflexionsbögen gruppenweise „ausstellen". Anschließend haben alle die Möglichkeit, sich die Ergebnisse der anderen anzusehen.

Übungen

18.1.4.1. Gruppenbuch
Während oder am Ende eines Gruppentreffens sollte das Gruppenbuch rundgereicht werden mit dem Ziel, daß kurzfristige Arbeitsergebnisse und Gefühle darin festgehalten werden.

Gesellschaftspolitischer Bezug

Projektschritt

18.3. Die Projektteilnehmer/innen überlegen Verbesserungsvorschläge für ihr weiteres Vorgehen.

Methoden

18.3.1. Tip des Tages
Wird deutlich, daß einzelne Gruppen – aus welchen Gründen auch immer – unzufrieden mit dem Verlauf des Projekttages waren, können andere Projektteilnehmer/innen Hinweise, Tips, Ratschläge geben, indem sie diese notieren und unter die jeweilige Gruppenauswertung hängen. Es sollte darauf hingewiesen werden, daß es sich dabei um Anregungen und Hilfen im konstruktiven Sinne handeln muß, und sich nicht der/die überhebliche Besserwisser/in „austoben" soll.

18.3.2. Solidaritätsgruppen
Jeweils ein/e Projektteilnehmer/in nennt eine Sache, die er/sie am nächsten Tag besser machen will. Alle anderen Projektteilnehmer/innen, die sich ebenfalls diese Sache vorgenommen haben, „gesellen" sich zu ihm/ihr. Nachdem die Solidarität optisch sichtbar wurde, äußert jemand anderes einen weiteren Veränderungswunsch. Auch jetzt machen andere Teilnehmer/innen durch das Bilden einer neuen Gruppe sichtbar, daß ihre Absicht in dieselbe Richtung geht. So lösen sich kleine Gruppen immer wieder auf und je nach Schwerpunkt bilden sie sich neu.

Übungen

18.3.2.1. „Tisch-Roulette"
Die Teilnehmer/innen sollen jeweils drei ihrer größten Erwartungen an das Thema oder an die Gruppe und jeweils drei starke „Nicht"-Erwartungen auf je einen Zettel schreiben. Diese werden in die Mitte auf den Tisch gelegt und von allen Teilnehmern/innen gemeinsam geordnet. Jeweils gleiche Erwartungen bzw. „Nicht"-Erwartungen bilden einen Block.

19. Absprachen treffen

Der Projektschritt klingt banal und ist in Wirklichkeit für selbstorganisierte Gruppen mit viel Unmut und Streß verbunden. Mangelnde Organisations- und Entscheidungsfähigkeit vieler Gruppenmitglieder muß in eine größere Lernbereitschaft münden, wenn sich eine Gruppe nicht bald in Resignation oder autoritären Strukturen wiederfinden will.

Gesellschaftspolitischer Bezug

„Arbeitsteilung führt zu Zeitersparnis, Effektivität, Intensität und zur Bewältigung komplexer Probleme."
Eine solche Behauptung verschweigt viele Gefahren, die mit Arbeitsteilung verbunden sind. Der Mensch als gut funktionierendes Rädchen im System kann nicht das Ziel von Projektlernen sein. Arbeitsteilung zum Zwecke der Profitsteigerung und Herrschaftssicherung macht sehr deutlich, wie ein sozialer Aspekt von gemeinschaftlicher Arbeit mißbraucht werden kann. Projektlernen muß – auch unter dem Eindruck des *„David gegen Goliath"* – gegensteuern und andere Formen von Arbeitsteilung erfahrbar und erlebbar machen (vgl. Gronemeyer, a.a.O.).

Gruppen, die im o. a. Sinne arbeitsteilig vorgehen, ohne dabei die Prinzipien Selbstorganisation, Selbstbestimmung, Herrschaftslosigkeit und kollektives Lernen zu mißachten, lassen sich auf einen langen und beschwerlichen Weg ein. In der Regel haben sie keinerlei Vorerfahrungen, erhalten keine Hilfestellung und müssen sogar damit rechnen, daß Fehler von Gegnern sofort ausgenutzt und gegen die Gruppe verwendet werden. Deshalb kann es fatale Folgen haben, wenn der Projektschritt „Absprachen treffen" in seiner Wichtigkeit unterschätzt wird.

Wer bereit ist, die Arbeit der anderen konstruktiv in die eigenen Überlegungen und Pläne miteinzubeziehen, hat einen ersten wichtigen Schritt getan. Gemeinsame Planungen und Absprachen sind dann auch gefühlsmäßig eine Selbstverständlichkeit, der vielleicht nur eine zu wenig eingeübte **Entscheidungsfähigkeit** im Wege steht. Diese zu verbessern ist allerdings reine Übungssache, wobei Lernhilfe (!) von „Organisationsgenies" ruhig angenommen werden sollte. Desinteresse („Die anderen machen das schon!") und Angst („Sowas konnte ich noch nie!") führen beim Koordinieren und Planen zu den größten Blockaden; sie abzubauen gelingt nur zusammen und in vielen kleinen Schritten.

Sonstige Projektkriterien:
Konfliktfähigkeit (Kap. 5)
Selbstorganisation (Kap. 3, 14)
Komplexe Zusammenhänge (Kap. 7, 21)
Zeitstruktur (Kap. 11, 14)

Projektschritt

19. Absprachen treffen

19.1. Die Gruppenmitglieder informieren sich gegenseitig, welche Handlungsziele sie an diesem Tag wie, wo, mit wem und wann erreichen wollen (vgl. 15.4.).

19.2. Es wird überprüft, an welchen Stellen gemeinsame Aktivitäten von Mitgliedern unterschiedlicher Gruppen möglich sind.

Zwei Schülerinnen, die in unterschiedlichen Gruppen arbeiteten, erfanden neue Handlungsziele und trafen grundsätzlich Vorabsprachen, um gemeinsam unterwegs sein zu können. Sie waren von ihrem Beziehungsinteresse so gefangen, daß alles andere dem untergeordnet und das Projektthema nachträglich und heimlich gekippt wurde.

Methoden

19.1.1. Arbeitsfrühstück
Zu Beginn des Projekttages informieren sich die Gruppenmitglieder in lockerer Atmosphäre über die wichtigsten Daten ihres Tagesplans. Vorhaben, bei denen eine Zusammenarbeit mit den Mitgliedern anderer Gruppen möglich (und wünschenswert) sein könnte, werden besonders gekennzeichnet (durch Markierungen im Tagesplan, durch Notizen).

19.1.2. Delegierten-Protokoll
Der/Die Delegierte befragt alle Gruppenmitglieder, ob bei ihnen laut Tagesplan die Zusammenarbeit mit Teilnehmern/innen anderer Gruppen möglich wäre (z. B. durch Fahrgemeinschaften, Bündelung von Interviewfragen, Besuch von Institutionen). Dies wird in einem Delegierten-Protokoll festgehalten.
K. 19.1.2.

19.2.1. Koordinationsrat
Die Delegierten berichten, wer, wie, wo und wann etwas unternehmen will, bei dem eine Zusammenarbeit mit anderen möglich wäre. Dabei wird eine Übersicht erstellt. Der Koordinationsrat erarbeitet Vorschläge zur Zusammenarbeit zwischen den Gruppen. Die Delegierten halten diese schriftlich fest, soweit davon die eigenen Gruppenmitglieder betroffen sind.
K. 19.1.2.

Übungen

19.1.1.1. Wochenschau
Zu Ende eines wöchentlichen Treffens erzählen alle, was in der kommenden Woche auf sie zukommt. Hinweise auf freudige Erwartungen oder auch auf Ängste können den anderen Persönliches vermitteln und zu einem größeren Vertrauen führen.

19.2.1.1. Funktionärs-Entscheidung
Wenn eine Gruppe ihrer/m Delegierten häufig keinen klaren Auftrag erteilt oder sie/ihn nicht kontrolliert, so kann dieses Problem dramatisiert und dadurch ins Bewußtsein geholt werden:
ein oder zwei Personen des Delegiertenrats (oder Berater) übernehmen (heimlich oder „freiwillig") die Gesprächsführung (!). Sie manipulieren den Delegiertenrat zu Entscheidungen, die zumindest für einige Gruppenmitglieder sehr unangenehm sein müssen. Dabei verwenden sie als Mittel eine straffe, *„effektive"* Gesprächsführung, Zeitdruck, angebliche Kompetenz, Geschäftsordnungs-Tricks. Möglich sind auch ständige Kommentare, ohne sich auf die Rednerliste zu setzen.

19. Absprachen treffen

Gesellschaftspolitischer Bezug

Projektschritt

Der Kopf ist rund, damit das Denken die Richtung ändern kann.

"Du, meine Gruppe meint, ich soll mich als Delegierter nicht überarbeiten"

19.3. Die Projektteilnehmer/innen vereinbaren gemeinsame Aktivitäten für eine überschaubare, schon geplante Zeit.

Methoden

19.2.2. Planungsbüro

Alle für den Tag erstellten Tagespläne werden in einem „Planungsbüro" ausgelegt oder ausgehängt. Die Projektteilnehmer/innen nehmen bei leiser Hintergrundmusik Einsicht in die Planungsunterlagen mit dem Ziel, Möglichkeiten für gemeinsame Aktivitäten zu entdecken.

19.3.1. Absprachen

Die Betroffenen treffen je nach Notwendigkeit und Wunsch Absprachen über gemeinsame Aktivitäten, Fahrgemeinschaften, Übernahme von Vorhaben und ähnlichem.

Übungen

19.2.1.2. Puzzle

Häufig führt eine starke Identifikation mit der eigenen Gruppe zu einem Desinteresse an den Arbeitsvorhaben und -ergebnissen der anderen Gruppen, auch wenn deren Inhalte für die eigene Arbeit und das Gesamtergebnis wichtig sind. Um eine solche Haltung bewußt zu machen, kann folgendes Spiel eingesetzt werden:
- Es werden unterschiedliche Bauzeichnungen (Fotos, Bilder, Schriften) in der Anzahl der Klein-Gruppenmitglieder zerschnitten. Ein oder mehrere Puzzlestücke werden mit entsprechend vielen Puzzlestücken einer anderen Kleingruppe vertauscht.
- Die Klein-Gruppe legt alle Puzzle-Teile durcheinander in die Tischmitte.
- Es gelten die Regeln:
  - Nicht reden.
  - Puzzle-Teile nur aus der Mitte nehmen und in die Mitte legen.
  - Die Kleingruppe ist fertig, wenn alle Mitglieder ein fertiges Puzzle vor sich liegen haben.
- Beobachtungskriterien:
  - Was passiert, wenn alle Mitglieder einer Kleingruppe merken, daß ein oder zwei ein falsches Puzzlestück haben?
  - Wie wird Kontakt zu anderen Gruppen aufgenommen, wie reagieren andere Gruppen?
- In einem Auswertungsgespräch müßte die Spielhandlung auf die Realsituation zwischen den Gruppen übertragen werden.

19.2.2.1. Initiativen

Die Großgruppe macht regelmäßig „Initiativrunden", bei denen jede/r vorstellen kann, was er/sie gerne machen möchte, und andere ihr Mitmach-Interesse bekunden können. Die Runde sollte nicht für Absprachen genutzt werden; die Initiatoren müssen nämlich die Möglichkeit haben, selbst zu entscheiden, mit wem sie ihre Absicht verwirklichen und wen sie ansprechen wollen.

20. Projektergebnisse darstellen oder erleben

Projektergebnisse, die für eine Public-Relation-Show mißbraucht werden, sind Hinweise auf die Entfremdung des Menschen von seiner Arbeit. Projektlernen soll dies nicht noch unterstützen. Arbeitsprozesse und Arbeitsprodukte, Emotionalität und Kompetenz sind als Einheit zu verstehen und darzustellen.

Gesellschaftspolitischer Bezug

Da Produkt- und Prozeßorientierung sich beim Projektlernen nicht ausschließen, sondern ergänzen und manchmal sogar miteinander verschmelzen (vgl. Kap. 9), lassen Dokumentations- oder Präsentationstag, Tag der offenen Tür oder Projektfest in der Regel Rückschlüsse darüber zu, wie intensiv Projektlernen erfolgt ist. Unkritische Selbstdarstellung und Werbung, Konsumfest und Public-Relation-Maßnahmen sind Folgen unserer gesellschaftlichen Norm, für eine tolle Verpackung zu sorgen, die über den Inhalt hinwegtäuscht: nur die Ware zählt, nicht der Mensch, der sie hergestellt hat; nur die Note zählt, nicht der Unterricht, der sich über Wochen hingezogen hat; nur eine erfolgreiche Demonstration zählt, nicht die Erfahrungen, die bei der Vorbereitung gemacht wurden.

Projektlernen darf Probleme, Konflikte, Mängel und das Lernen daran nicht aussparen. **Emotionalität** spielt in unserem Leben ständig eine Rolle, nicht nur in der Freude über ein gelungenes Produkt oder eine erfolgreiche Aktion. Der Alltag und unsere langsamen Veränderungen sind mindestens ebenso interessant und bedeutend wie irgendwelche Höhepunkte.

Dieses Buch zum Beispiel als vorzeigbares Endprodukt vermittelt den Anschein von **Kompetenz.** Unsicherheiten und Fragen, die wir aber dennoch haben und die uns auch bleiben, werden nicht deutlich. Probleme, die während des Schreibens einiger Kapitel auftauchten, sind für den/die Leser/in des Buches unbedeutend, da für ihn/sie nur das fertige Produkt zählt.

Für uns allerdings ist die Frage, wie wir mit diesen Schwierigkeiten umgehen, ebenso wichtig. Finden wir eine menschliche Lösung oder schaffen wir es nur mit Selbstunterdrückung, aus bestimmten „Löchern" wieder herauszukommen? Kompetenzen in diesem Bereich sind wenig anerkannt, weil sie sich oft nicht vermarkten lassen.

Projektlernen kann und soll hier einen Beitrag leisten: die Aufmerksamkeit muß wieder mehr auf die Qualität des Lernprozesses gelenkt werden, der den Menschen zum mitgestaltenden Subjekt seines Lernens werden läßt und ihn nicht zum Objekt schon vorher festgelegter Lernzielkataloge verurteilt. (vgl. Duncker, Götz, a.a.O., S. 133).

Sonstige Projektkriterien:
Sinnlichkeit (Kap. 4, 13)
Lernen im Lebensraum (Kap. 4, 16)
Interessengebundenheit (Kap. 4)
Lebenszusammenhang (Kap. 6)
Zielgerichtetes Lernen (Kap. 15)
Komplexe Zusammenhänge (Kap. 7, 21)

Projektschritt

20. Projektergebnisse darstellen oder erleben

20.1. Die Projektteilnehmer/innen tragen alle Projektergebnisse zusammen, die im Hinblick auf das Richtziel entstanden sind (einschließlich der mißglückten und prozeßbezogenen „Materialien").

20.2. Die Projektergebnisse werden auf das Richtziel hin verwertet. Dabei können die Gruppen gemeinsam oder arbeitsteilig vorgehen.

Als Lehrer/innen beim Projekttraining „Gesundheitskult" ihre Arbeitsergebnisse durch einen Videofilm verwerten wollten, kamen sie sich selbst auf die Schliche: sie hatten das Thema gewählt, um sich von bestimmten Personengruppen abzugrenzen und konsequentes Verhalten durch die Verwendung des Begriffes „Kult" ersparen zu können.

20.3. Die Projektteilnehmer/innen präsentieren ihr Projektergebnis oder haben ein gemeinsames Erlebnis oder führen eine Aktion durch.

Methoden

20.1.1. Projekt-TÜV
Projektergebnisse in der Form von Produkten, Aktionsplanungen, Erkenntnissen, Einstellungen und Veränderungen werden zur gemeinsamen Begutachtung vorgestellt und vorgeführt.
Allerdings sollen auch fehlerhafte Produkte und Symbole für Fehlverhalten nicht fehlen.
Entscheidende Konflikte, Krisen und Höhepunkte können durch Nachspielen allen ins Gedächtnis zurückgerufen werden.
Projekt-TÜV, das betrifft alle. Die Begutachtungen sollen eine Vielzahl von positiven und negativen Erkenntnissen ergeben.

20.2.1. Expertenmeinungen
Je nach Richtziel werden Experten eingeladen, denen die Projektergebnisse vorgestellt werden. Die Projektteilnehmer/innen lassen sich erzählen, was die Experten aus den „Materialien" machen würden, wenn sie einen Auftrag entsprechend dem Richtziel erhielten.
Die Entscheidungen zur Verwertung der Projektergebnisse sollen aber erst nach Verabschiedung der Experten getroffen werden, um eine größere Unabhängigkeit zu garantieren.

20.2.2. Raus aus dem Loch
Treten bei den Gruppenmitgliedern Ermüdungserscheinungen und Unlust auf, so kann dies Anlaß für folgende Initiativen sein:
- Tischauswertung (vgl. 21.1.4.): hier allerdings in der Form, daß ausschließlich positive Aussagen gemacht werden.
- Besuch von jemandem, der ein ähnliches Problem oder Thema bearbeitet hat und davon schwärmen kann.
- Szenenwechsel: die Gruppe schaltet eine „aktive Entspannungsphase" ein, wie z. B. Schwimmen gehen, Tanzen, Kochen ... und sorgt so für einen positiven emotionalen Schub.
- Auskotz-Wettstreit: die Negativerfahrungen werden durch Übertreibung und Verniedlichung so überzogen dargestellt, daß alles in einem Lachen endet.

20.3.1. Richtziel-Gipfel
Diejenige „Präsentationsform", welche aus dem Richtziel-Katalog (vgl. K. 9.2.) ausgewählt wurde, wird jetzt verwirklicht.

Übungen

20.1.1.1. Schatzkiste
Im Verlauf einer Unternehmung sammeln alle Teilnehmer/innen Gegenstände, die bestimmte Begebenheiten während der Unternehmung symbolisch darstellen sollen. An einem Abschlußabend werden die Erinnerungsstücke aus der „Schatzkiste" hervorgeholt und bieten Anlaß zu Erinnerungen, Erzählungen oder Phantasien.

20.2.1.1. Phantastisch
Zwei oder drei Personen erhalten je drei Gegenstände, die auf den ersten Blick nichts miteinander zu tun haben.
Durch eigene Ideen oder Befragung von Leuten sammeln sie Möglichkeiten, kreativ, phantastisch oder verrückt mit den Gegenständen umzugehen.

20.2.2.1. Auflockerungsspiele
Durch häufigere Auflockerungsspiele, die die Gruppenarbeit wieder beleben können, wird den Mitgliedern diese Möglichkeit normaler und alltäglicher. Wenn jede/r bei jedem Treffen ein Spiel überlegt hat, kommt es auch immer seltener zur Forderung „Wir wollen was spielen" ohne entsprechende Angebote.

20.3.1.1. Abschluß
Feste, Besonderheiten oder Außergewöhnliches bilden den „festlichen" Abschluß einer gemeinsamen Arbeit.

21. Projekt auswerten

Auswertung ist bewußtes Lernen aus Erfolgen und Fehlern. Wer um der Bequemlichkeit willen darauf verzichtet, stellt jede längerfristige Veränderung in Frage. Gruppen, die komplexe Zusammenhänge durchschauen und angehen wollen, müssen sich sogar besonders intensiv mit der Auswertung beschäftigen.

Gesellschaftspolitischer Bezug

Nicht selten machen wir die Erfahrung, daß Auswertungsphasen als unliebsames Anhängsel gesehen werden. Unlust und sogar Widerstände machen sich breit. Das Reden über „Vergangenes" bleibt äußerlich, weil es „ja doch nichts mehr bringt". Häufig fehlt es auch an klaren Zielvorstellungen und inhaltlichen Kriterien. (vgl. Duncker, Götz, a.a.O., S. 158).

Bewußtes Lernen aus Erfolgen und Fehlern wird als unangenehm und lästig erlebt. Können wir uns, kann unsere Gesellschaft, kann unsere Welt sich das leisten? Wir bringen uns selbst um, wenn wir Fehler oberflächlich reparieren und nicht vermeiden. **Lernen als Prozeß** endet in unserer Gesellschaft da, wo es sich nicht direkt in klingender Münze auszahlt oder zu grundlegenden, unangenehmen Veränderungen zwingt.

Projekte in der Form, wie sie bisher beschrieben wurden, sind immer ein Abbild gesellschaftlicher Wirklichkeit. Es ist möglich und oft nötig, sich Zusammenhänge zu vereinfachen oder einen Teil der Wirklichkeit auszublenden. Nicht selten hängt davon die Bereitschaft ab, sich auf prozeßhaftes Lernen einzulassen.

Komplexe Zusammenhänge werden aber dadurch nicht beseitigt, sondern für den einzelnen verständlicher. Dies bezieht sich auf die gesellschaftlichen Bedingungen genauso wie auf projektinterne Vorgänge.

Die Auswertung eines Projekts ist dementsprechend an die Fähigkeiten, das Selbstverständnis und die Lernbereitschaft der Projektgruppe gebunden. Sie beinhaltet eine „Wertung" und ermöglicht ein „Aus-laufen" des Themas (vgl. Frey, a.a.O., S. 128 ff.).

Die anschließende Auflösung der Gruppe kommt häufig vor, ist aber nicht besonders sinnvoll. Eine gleiche oder ähnliche Gruppenzusammensetzung ermöglicht intensiveres und kontinuierlicheres Projektlernen (vgl. Kap. 2), dessen Bedeutung nach der Lektüre dieses Buches vielleicht deutlicher geworden ist.

Sonstige Projektkriterien:
Interaktion (Kap. 1)
Lernintensität (Kap. 1, 16)
Kollektiv Lehrender und Lernender (Kap. 3, 17)
Herrschaftslosigkeit (Kap. 10, 15)
Gruppenprozesse (Kap. 5)
Lernen im Lebensraum (Kap. 4, 16)
Lebenszusammenhang (Kap. 6)
Kompetenzen (Kap. 6, 20)
Zielgerichtetes Lernen (Kap. 15)
Selbstbestimmung (Kap. 7, 14)
Konfliktfähigkeit (Kap. 5)
Selbstorganisation (Kap. 3, 14)
Emotionalität (Kap. 1, 20)

Projektschritt

21. Projekt auswerten

21.1. Die Projektteilnehmer/innen reflektieren die einzelnen Projektschritte unter inhaltlich/sachlichen, emotionalen und gruppendynamischen Gesichtspunkten.

Methoden

21.1.1. Auswertungsbogen
Jedes Gruppenmitglied reflektiert kritisch die Projektarbeit, indem es einen Fragenkatalog beantwortet. Anschließend werden die Antworten der Reihe nach innerhalb der Kleingruppen vorgetragen und auf Gemeinsamkeiten und Abweichungen hin verglichen; wenn möglich, wird eine gemeinsame Gruppenaussage formuliert. Die Auswertungsbögen werden in den „Schaukasten" (vgl. 18.2.1.) gehängt.

K. 21.1.1.

21.1.2. Vorher – Jetzt
Alle Projektteilnehmer/innen sitzen im Kreis. Der Reihe nach kann sich jede/r dazu äußern, welche Interessen, Wünsche und Vorstellungen er/sie vor Beginn des Projekts im Hinblick

- auf das Thema
- auf die Gruppe
- auf den Projektverlauf

hatte und wie er/sie jetzt darüber denkt. Es ist sinnvoll, die Ergebnisse auf Video oder Kassette aufzunehmen.

21.1.3. Stimmungsbarometer
Auf einer großen Papierfläche werden oben die einzelnen Projektschritte aufgelistet. Links am Rand wird mit Hilfe einer Skala (von positiv über neutral bis negativ) der mögliche Stimmungsbereich gekennzeichnet.

Die Gruppenmitglieder zeichnen mit verschiedenfarbigen Stiften Kurven ein, die ihr jeweiliges Empfinden zu den einzelnen Phasen ausdrücken.

In dem sich anschließenden Gespräch sollte versucht werden, herauszufinden, ob sich die ausgedrückten Stimmungen mehr auf sich selbst, die Gruppe oder das Thema bezogen haben und wie sie zu erklären sind.

Übungen

21.1.1.1. Gruppen-Wettstreit
(vgl. 18.1.2.2.)

21.1.1.2. Plus-Minus-Kringel
(vgl. 18.1.2.1.)

21.1.2.1. Lotto
Zu Beginn einer Arbeitsphase geben die Gruppenmitglieder die Anzahl derjenigen an, die ihrer Meinung nach am Ende der Phase mit dem Verlauf zufrieden sein werden. Dies wird in einer Liste notiert.

Am Ende eines Tages oder der Arbeitsphase wird festgestellt, wieviele Personen tatsächlich mit dem Verlauf zufrieden waren. Gewonnen hat die Person, die vorher die richtige Anzahl angegeben hat.

„Der Sonntagmittag war eine einzige Katastrophe." *Dieser Eindruck konnte entstehen, wenn man das Stimmungsbarometer eines Projekttrainings nicht genau genug gelesen hatte. Da zwischen den Projektschritten nur einmal das „Essen" auftauchte und dieses miserabel war, rutschten die Gruppenmitglieder geschlossen Sonntag mittags in ein angebliches Stimmungstief, obwohl dies der Realität nicht entsprach.*

21. Projekt auswerten

Gesellschaftspolitischer Bezug   **Projektschritt**

21.2. Die Projektteilnehmer/innen sammeln Verbesserungsvorschläge für zukünftige Projekte.

Methoden

21.1.4. Tischauswertung
Eine riesige Tischfläche wird mit Papier abgedeckt.
Die Projektteilnehmer/innen gehen um den Tisch und schreiben auf, was ihnen gefiel, mißfiel usw. – eben alles, was ihnen einfällt. Ergänzungen und Widersprüche sind erwünscht.
Bei der Tischauswertung sollte nicht gesprochen werden. Hintergrundmusik wirkt aktivierend auf die oft mehr emotionale Auswertungsform.

21.1.5. Freudenturm und Klagemauer
Eine Wand des Projektraums wird zur Klagemauer erklärt.
Die Gruppe baut aus Stühlen und ähnlichen Materialien einen „Freudenturm".
Jede/r kann seine/ihre positiven und negativen Erfahrungen, Beobachtungen, Erwartungen und Gefühle auf Zettel schreiben und diese an die Klagemauer bzw. den Freudenturm heften. Mit Hintergrundmusik macht diese Auswertung noch mehr Spaß.

21.2.1. Forderungskatalog
Bezogen auf jeden einzelnen Projektschritt überlegt jedes Gruppenmitglied, ob es Verbesserungsvorschläge für ein zukünftiges Projekt hat.
Diese Verbesserungsvorschläge werden als Forderungen formuliert und unter die jeweiligen Projektschritte auf eine Wandzeitung geschrieben.

21.2.2. Ratschläge
Die Projektgruppe wird von einem „Reporter" befragt, wie sie den Projektverlauf und das Projektergebnis bewertet.
Außerdem wird sie gebeten, Tips und Ratschläge für Personen zu geben, die ein ähnliches Thema bearbeiten wollen. Die Befragung wird auf Kassette oder auf Video aufgenommen.

Übungen

21.1.4.1. Wunschtisch
Plant eine Gruppe eine Unternehmung (Ausflug, Fahrradtour, ...) so schreiben die Gruppenmitglieder all ihre Wünsche, Erwartungen, Vorstellungen auf eine mit Papier abgedeckte Tischfläche. Diese Äußerungen werden später geordnet und zur Grundlage für die Vorbereitung der Unternehmung gemacht.

21.2.1.1. Hyde-Park
In einer „Hyde-Park-Atmosphäre" steigen diejenigen, die Forderungen z. B. an die ältere Generation haben, auf eine Kiste oder ähnliches und tragen diese lautstark vor.
Zustimmende oder ablehnende Äußerungen der Zuhörer/innen „heizen die Stimmung an".

Kopiervorlagen

Übersicht über die Projektschritte:

1. Projektteilnehmer/innen kennenlernen

1.1. Die Gruppenmitglieder lernen sich mit Namen kennen.

1.2. Die Gruppenmitglieder lernen sich intensiver kennen, wobei sich dies auf sehr unterschiedliche Bereiche bezieht bzw. beziehen kann.

2. Gruppen bilden

2.1. Die Gruppenmitglieder beschäftigen sich mit Sinn und Zweck der Gruppenbildung sowie der Art und Weise, wie sie erfolgen soll.

2.2. Aus der Groß-Gruppe bilden sich gleich große, heterogene Kleingruppen; dieser Prozeß ist erst abgeschlossen, wenn alle Teilnehmer/innen mit dem Endergebnis einverstanden sind (Konsensentscheidung).

3. Gruppenaufgaben verteilen

3.1. Die in einer Gruppe regelmäßig anfallenden Arbeiten werden vorgestellt und erläutert.

3.2. Die Arbeiten werden innerhalb der Gruppe verteilt.

4. Projektthemen sammeln

4.1. Jede Gruppe einigt sich auf eine/höchstens zwei Methode/n, mit denen sie Themen sammeln will.

4.2. Die Gruppen sammeln Themen mit ihrer gewählten Methode.

4.3. Jedes Thema, das durch *eine* (die gleiche) Methode gefunden wurde, wird auf eine Karte mit gleicher Farbe geschrieben.

4.4. Die Themen werden an einen Projektbaum gehängt, der in folgende Sachbereiche (Äste) gegliedert ist:
- Sport und Körperbereich
- Künstlerischer Bereich
- Mathematisch-naturwissenschaftlicher Bereich
- Sprachlicher Bereich
- Gesellschaftspolitischer Bereich
- Geographischer Bereich
- Technischer Bereich

4.5. In einer gemeinsamen Reflexion werden Antworten auf folgende Fragen gesucht:
- Zu welchen Bereichen wurden keine oder nur wenige Themen gefunden?
- Gibt es Zusammenhänge zwischen der angewandten Methode und der Anzahl (und der Qualität) der gefundenen Themen?
- Welche Konsequenzen ergeben sich für eine zukünftige Themensammlung?

5. Projektthema entscheiden

5.1. Jedes Gruppenmitglied wählt zwei Themen aus, die den eigenen Interessen und Bedürfnissen am ehesten entsprechen.

5.2. Zu den zwei Themen werden je drei Handlungsziele überlegt, wodurch die Themen auf ihre Eignung hin überprüft werden.

5.3. Durch Stellungnahmen einiger Personen zu den Themen wird überprüft, wie Mitmenschen über die Themen denken.

5.4. Die Gruppenmitglieder informieren sich gegenseitig über gewählte Themen und gefundene Handlungsziele.

5.5. Die Gruppe beschäftigt sich mit Themen, die *nicht* von allen als interessant empfunden werden, und versucht, Interessen zu entdecken.

5.6. Themen, bei denen ein/mehrere Gruppenmitglied/er auf keinen Fall mitarbeiten würde/n, werden aussortiert. Übrig bleiben Themen, die von allen (mehr oder weniger begeistert) akzeptiert werden.

5.7. Die Großgruppe einigt sich auf eins der Themen, das von allen Kleingruppen vorgeschlagen wurde.

6. Mitarbeiter/innen werben

6.1. Die Gruppenmitglieder klären untereinander ab, was ein/e Mitarbeiter/in ist. Sie unterscheiden klar zwischen Mitarbeiter/in (mit Mitgliedschaft in der Gruppe) und zu befragendem/r Experten/in.

6.2. Leute aus dem Umfeld, die für eine Projektmitarbeit in Frage kommen, werden benannt.

6.3. Die Gruppenmitglieder werben Mitarbeiter/innen und klären ab, was unter Mitarbeit verstanden wird.

7. Handlungsziele erarbeiten

7.1. Jede Gruppe einigt sich auf eine Methode, mit der sie Handlungsziele aufstellen will.

7.2. Die Gruppen formulieren Handlungsziele.

7.3. Die Gruppen strukturieren die gefundenen Handlungsziele.

8. Methoden überlegen
8.1. Anhand vorgegebener Handlungsziele wird eine Sammlung von Methoden erstellt, durch die Handlungsziele erreicht werden können.
8.2. Jedem Handlungsziel werden Methoden zugeordnet, durch die das Handlungsziel erreicht werden könnte.

9. Richtziel bestimmen
9.1 Den Projektteilnehmern/innen wird verdeutlicht, was unter einem Richtziel zu verstehen ist.
9.2. Jede Gruppe entscheidet sich für ein Richtziel zum Thema.
9.3. Die Gruppen einigen sich auf ein/mehrere Richtziel/e.

10. Thema politisch absichern
10.1. Die Gruppenmitglieder sammeln Namen von Gruppen, Institutionen und Personen, die mit dem *Projektthema* zu tun haben.
10.2. Die Sammlung wird mit Namen von Institutionen, Gruppen, und Personen ergänzt, die in positiver/unterstützender oder negativer/erschwerender Form mit der *Projektgruppe oder einzelnen Projektmitgliedern* zu tun haben (z. B. Eltern, Freunde, Arbeitskollegen/innen, Schule, . . .).
10.3. Die gesammelten Institutionen, Gruppen und Personen werden nach den Kategorien „Unterstützer" und „Gegner des Projektthemas" sortiert.
10.4. Es wird untersucht, wie stark Unterstützer und Gegner für oder gegen das Thema Einfluß nehmen können/werden.
10.5. Die Gruppenmitglieder überprüfen, inwieweit die Bedingungen innerhalb der Gruppe die Erarbeitung des Projektthemas beeinflussen können.
10.6. Je nach Notwendigkeit können aus den bis jetzt erarbeiteten Ergebnissen zusätzliche Handlungsziele formuliert werden.

11. Arbeitszeiten festlegen
11.1. Die Projektteilnehmer/innen reflektieren, mit welchem Zeitbewußtsein sie das Projekt bearbeiten werden.
11.2. Die im Moment zur Verfügung stehende und die von den Gruppenmitgliedern erwünschte Projektzeit wird ermittelt.
Wünschen die Projektteilnehmer/innen eine Ausweitung der zur Verfügung stehenden Projektzeit, so müssen sie dies eventuell als zusätzliches Handlungsziel formulieren (und anschließend zuordnen).
11.3. Die Projektteilnehmer/innen treffen die zeitlichen Absprachen, welche für eine erfolgreiche, gemeinsame Projektarbeit nötig sind.

12. Arbeitsräume gestalten
12.1. Die Gruppenmitglieder reflektieren ihre Vorstellungen von „Arbeitsräumen".
12.2. Der vorhandene Arbeitsraum wird mit dem „Traum-Arbeitsraum" der Gruppe verglichen.
12.3. Die Projektteilnehmer/innen entscheiden, ob und wie sie den Arbeitsraum kurzfristig gestalten werden.
Wenn Änderungen an den Arbeitsraum-Verhältnissen gewünscht werden, die einiges an Planungs- und Realisierungsaufwand erfordern, formuliert die Gruppe dies als Handlungsziel (und ordnet es zu).
12.4. Der Projektraum wird soweit gestaltet, daß wenigstens ein Teil der Handlungsziele erreicht werden kann (sachlich, emotional, kommunikativ).

13. Projekttag beginnen
13.1. Die Projektteilnehmer/innen stimmen sich auf das Projektthema ein.
13.2. Die Gruppenmitglieder schaffen sich die organisatorischen Voraussetzungen für ihre Projektarbeit.
13.3. Die Projektteilnehmer/innen entwickeln Vorstellungsbilder im Hinblick auf das bevorstehende Projekt.

14. Wochenplan erarbeiten
14.1. Alle Projektteilnehmer/innen informieren sich über den aktuellen Vorbereitungsstand bezüglich der Projektinhalte.
14.2. Die Projektgruppen entscheiden sich für eine Vorgehensweise zur Bearbeitung der Handlungsziele.
14.3. Die Projektteilnehmer/innen erarbeiten einen Wochenplan.

15. Tagesplan aufstellen
15.1. Die Projektteilnehmer/innen sammeln die nötigen Daten zur Erstellung von Tagesplänen.
15.2. Die Projektteilnehmer/innen regeln gegebenenfalls organisatorische Voraussetzungen für die Erreichung des Handlungsziels.
15.3. Die Gruppenmitglieder erstellen einen Tagesplan.
15.4. Die Gruppen kontrollieren und korrigieren gegebenenfalls ihre Tagespläne.

16. Handlungsziele erreichen
16.1. Die Gruppenmitglieder besorgen sich das notwendige Arbeitsmaterial.
16.2. Die Gruppenmitglieder führen die selbstgewählten Aufgaben durch.

17. Arbeitsergebnisse mitteilen
17.1. Die Projektteilnehmer/innen werten die Materialien aus, die sie beim Erreichen der Handlungsziele zusammengetragen haben (entsprechend dem Richtziel).
17.2. Die Projektgruppe überprüft und diskutiert die aufbereiteten Materialien, um sie anschließend in Zusammenhang mit den anderen bearbeiteten Handlungszielen zu stellen.
17.3. Die Projektgruppen stellen ihre Arbeitsergebnisse vor und halten Verbesserungsvorschläge fest.

18. Projekttag reflektieren
18.1. Die Gruppenmitglieder reflektieren ihren Arbeits- und Lernprozeß sowohl unter rationalen als auch unter emotionalen Gesichtspunkten.
18.2. Die Reflexionsergebnisse werden der gesamten Projektgruppe vorgestellt.
18.3. Die Projektteilnehmer/innen überlegen Verbesserungsvorschläge für ihr weiteres Vorgehen.

19. Absprachen treffen
19.1. Die Gruppenmitglieder informieren sich gegenseitig, welche Handlungsziele sie an diesem Tag wie, wo, mit wem und wann erreichen wollen.
19.2. Es wird überprüft, an welchen Stellen gemeinsame Aktivitäten von Mitgliedern unterschiedlicher Gruppen möglich sind.
19.3. Die Projektteilnehmer/innen vereinbaren gemeinsame Aktivitäten für eine überschaubare, schon geplante Zeit.

20. Projektergebnisse darstellen oder erleben
20.1. Die Projektteilnehmer/innen tragen alle Projektergebnisse zusammen, die im Hinblick auf das Richtziel entstanden sind (einschließlich der mißglückten und prozeßbezogenen „Materialien").
20.2. Die Projektergebnisse werden auf das Richtziel hin verwertet. Dabei können die Gruppen gemeinsam oder arbeitsteilig vorgehen.
20.3. Die Projektteilnehmer/innen präsentieren ihr Projektergebnis oder haben ein gemeinsames Erlebnis oder führen eine Aktion durch.

21. Projekt auswerten
21.1. Die Projektteilnehmer/innen reflektieren die einzelnen Projektschritte unter inhaltlich/sachlichen, emotionalen und gruppendynamischen Gesichtspunkten.
21.2. Die Projektteilnehmer/innen sammeln Verbesserungsvorschläge für zukünftige Projekte.

Wer ist in der Groß-Gruppe?

Ergänze die Sätze mit Namen der anwesenden Personen, so daß die Aussagen wahr sind.
Jeder Name soll aber höchstens dreimal vorkommen.

1. Eine Person, deren Vorname mit demselben Buchstaben anfängt wie meiner, heißt ....
2. Eine Person, die dieselbe Sportart mag wie ich, heißt ....
3. Eine Person, die nicht im gleichen Bundesland geboren ist wie ich, heißt ....
4. Eine Person mit der gleichen Haarfarbe wie ich heißt ....
5. Eine Person, die im selben Monat geboren ist wie ich, heißt ....
6. Eine Person, die gerne zur Schule geht/ging, heißt ....
7. Eine Person mit der gleichen Augenfarbe wie meiner heißt ....
8. Eine Person, die genauso viel Brüder und Schwestern hat wie ich, heißt ....
9. Eine Person, die die gleichen Hobbys hat wie ich, heißt ....
10. Eine Person, die dasselbe Eßgericht mag wie ich, heißt ....
11. Eine Person, die ich gerne einmal besuchen möchte, heißt ....
12. Eine Person, die genauso viel Freunde/Freundinnen haben möchte wie ich, heißt ....
13. Eine Person, die gerne Briefe schreibt, heißt ....
14. Eine Person, die Topfblumen mehr mag als Schnittblumen, heißt ....
15. Eine Person, die die gleiche Musikart mag wie ich, heißt ....
16. Eine Person, die mich gerne berührt/berühren würde, heißt ....
17. Eine Person, die gerne spät aufsteht, heißt ....
18. Eine Person, deren Wohnort-Postleitzahl mit der gleichen Ziffer anfängt wie meine, heißt ....
19. Eine Person, deren Namen ich hier noch keinmal aufgeschrieben habe, heißt ....
20. Eine Person, die noch nicht alle Sätze auf diesem Blatt mit Namen ergänzt hat, heißt ....

Spitzengruppe

Notiere, für welche Gruppe du dich entscheiden würdest:

Aufgabe 1)

Gruppe A Welche Gruppe schafft es leichter, einen gemeinsamen Urlaub zu planen und durchzuführen? **Gruppe B**

Gruppe ☐

Aufgabe 2)

Groß-Gruppe A Welche Groß-Gruppe kann das Thema effektiver (schneller, umfassender) erarbeiten? **Groß-Gruppe B**

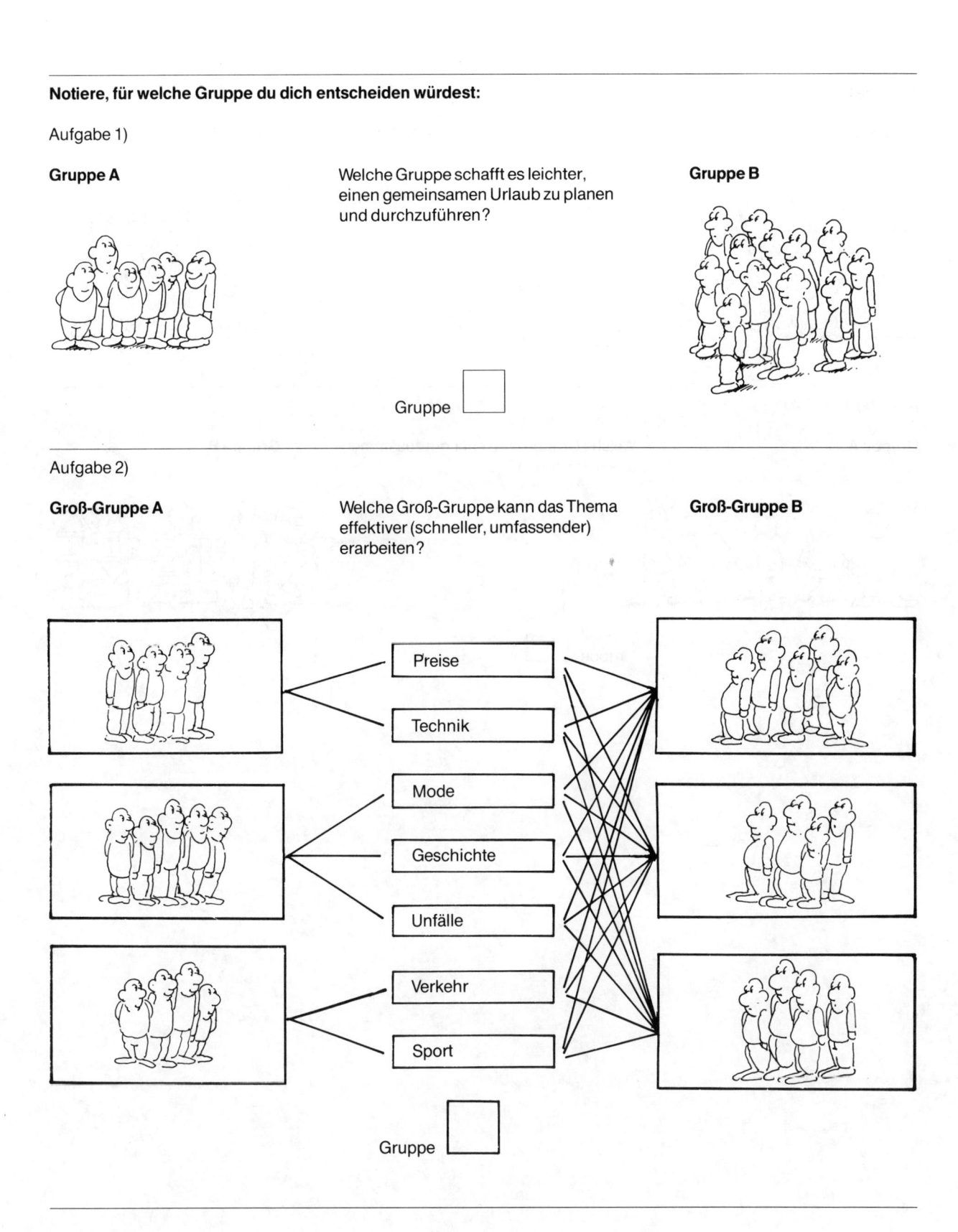

- Preise
- Technik
- Mode
- Geschichte
- Unfälle
- Verkehr
- Sport

Gruppe ☐

K. 2.1.1. (B)

Spitzengruppe

Aufgabe 3)

Gruppe A Welche Gruppe kann mehr voneinander lernen? **Gruppe B**

Gruppe ☐

Aufgabe 4)

Gruppe A Welche Gruppe wird eher gut zusammenarbeiten können? **Gruppe B**

Gruppe ☐

Spitzengruppe

K. 2.1.1.1. (A)

Lebensformen

1. Bei welchen Bildern handelt es sich um Gruppen?
Bild Nr. _____

2. Welche Vorteile könnte es Dir/Euch bringen, in solchen Gruppen zu leben?

_____

_____

_____

_____

Lebensformen

Arbeitsformen

Listet auf, welche Vor- und welche Nachteile die verschiedenen Arbeitsformen haben!

①

②

Arbeitsformen

③

Vorteile:	Nachteile:
①	①
②	②
③	③

Beobachtungsbogen

K. 3.1.1.

Wer die Gesprächsregeln nicht einhält, bekommt einen Strich.

a) Tag b) Stunde	(Name)	(Name)	(Name)	(Name)	(Name)

Aufgabenteilung rotierend

von... bis... oder Tag, Datum	Gesprächs- leiter/in; Beobachter/in	Material- verwalter/in	Gruppen- sprecher/in; Gruppen- schreiber/in	Delegierte/r	Blitzer/in

Projektthemen sammeln

4.1.1. Spaziergang mit Kassettenrecorder
Nehmt einen Kassettenrecorder mit Mikrophon und Batterien und macht einen Spaziergang. Seht Euch die Umgebung genau an und sammelt dabei mögliche Projektthemen. Formulierungsvorschlag: „Ich sehe . . . und dabei fällt mir das Thema . . . ein."
Wenn Ihr den Spaziergang beendet habt, hört die Kassette ab und schreibt jedes Thema auf die obere Hälfte einer Karte.

4.1.2. Zeitungen/Zeitschriften
Legt alle Tages-, Wochenzeitungen und Zeitschriften, die Ihr habt, auf dem Boden aus. Jetzt könnt Ihr in den Zeitungen und Zeitschriften herumblättern.
Wenn Euch ein Projektthema einfällt, schreibt es auf die obere Hälfte einer Karte.

4.1.3. Tagesablauf
Schreibt aus Eurem Tagesablauf Stichwörter auf eine Wandzeitung, z. B. Aufstehen, Frühstück, Schulweg (Arbeitsweg), Schule (Arbeitsplatz), Pause, Mittagessen, Abendessen, Freizeit, Schlafengehen.
Erzählt mit Hilfe dieser Stichworte innerhalb der Gruppe der Reihe nach, was gestern alles passierte.
Die zuhörenden Gruppenmitglieder sagen „stop", wenn ihnen etwas einfällt, was ein Projektthema sein könnte.
Schreibt dann das Projektthema auf die obere Hälfte einer Karte.

4.1.4. Ärger – Freude oder Betroffenheit
Überlegt einzeln und macht Euch Stichworte zu folgenden Fragen:

- Worüber habe ich mich in der letzten Woche besonders geärgert?
- Worüber habe ich mich in der letzten Woche besonders gefreut?
- Warum habe ich in der letzten Woche einen heftigen Krach gehabt?
- Worüber war ich in der letzten Woche besonders glücklich?

Erzählt zu jeder Frage reihum Eure Erlebnisse. Fällt Euch dazu ein Projektthema ein, sagt „stop" und schreibt das Thema auf die obere Hälfte einer Karte.

4.1.5. Assoziationen
Schreibt auf eine große Wandzeitung untereinander die Stichworte: Technik, Umwelt, Freizeit, Schule, Familie, Arbeitswelt, Politik, Wohnen, Gemeinschaft . . .
Überlegt zu den einzelnen Stichworten weitere und schreibt sie jeweils dahinter, so daß Ihr mehrere Assoziationsketten erhaltet.
Lest eine Assoziationskette nach der anderen laut vor und schreibt dann jedes Projektthema, das Euch einfällt, auf die obere Hälfte einer Karte.

4.1.6. Brennpunkt
Überlegt innerhalb der Gruppe, ob es Probleme gibt, die allen „unter den Nägeln brennen" und deren Bearbeitung Ihr momentan vielleicht beiseite schiebt, weil sie Euch zu unangenehm ist oder euch die Lösung zu schwierig erscheint.
Fällt Euch ein Projektthema ein, schreibt es auf die obere Hälfte einer Karte.

Projektbaum

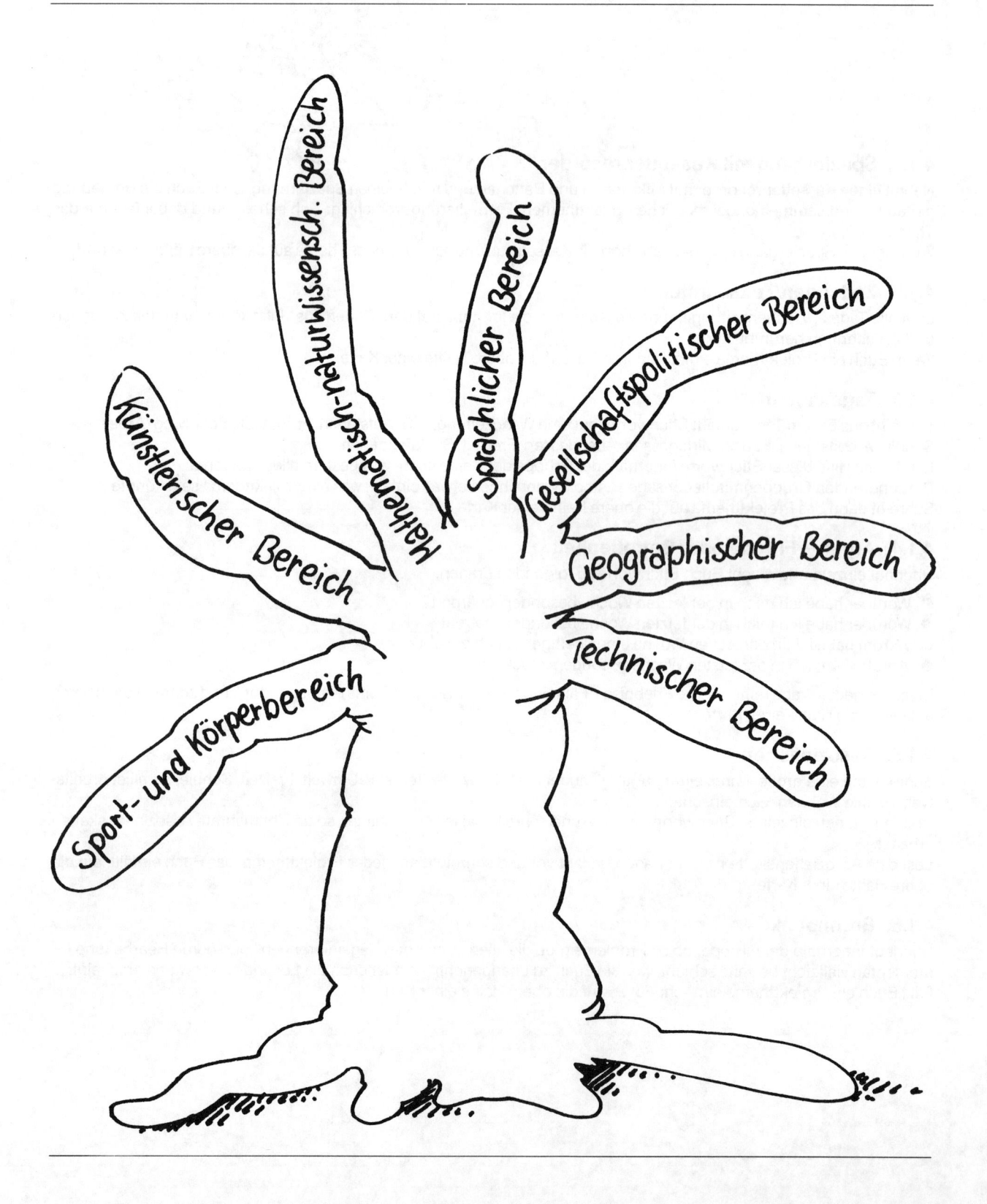

- Künstlerischer Bereich
- Mathematisch-naturwissensch. Bereich
- Sprachlicher Bereich
- Gesellschaftspolitischer Bereich
- Geographischer Bereich
- Technischer Bereich
- Sport- und Körperbereich

K. 4.4.

K. 5. (A)

Einigung auf ein Projektthema

Einigung mit sich selbst

1. Sieh Dir die Themen-Karten an und wähle **zwei Themen** aus, die Deinen eigenen Interessen und Bedürfnissen am ehesten entsprechen.
   Schreibe Deine Themen auf neue Karten.

2. Überlege zu den zwei Themen **je drei Handlungsziele** und schreibe sie auf der Karte unter das entsprechende Thema. Die Handlungsziele können beginnen mit:

   - Ich will herausbekommen . . .
   - Ich will ausprobieren . . .
   - Ich will . . . (tun)

   Wenn Du zu einem Thema **keine drei Handlungsziele** findest, wähle Dir ein **anderes Thema** und überlege Dir dazu drei Handlungsziele.

3. Befrage einige Personen, woran sie denken, wenn sie Dein erstes oder zweites Thema hören. Schreibe die Antworten in „Stichworten" auf die Rückseite der jeweiligen Karte. Später kannst Du daraus eventuell weitere Handlungsziele formulieren.

Du hast jetzt zwei für dich wichtige Themen ausgewählt,

hast sie daraufhin überprüft, ob sie sich als Projektthemen eignen

und bist von einigen deiner Mitmenschen informiert worden, was diese von den Themen denken.

Einigung auf ein Projektthema

Einigung in der Kleingruppe

4. Lest Euch in der Gruppe Eure gewählten Themen mit den gefundenen Handlungszielen gegenseitig vor. Fragt nach, wenn Ihr etwas nicht versteht. Vermeidet es, zu dieser Zeit zu diskutieren; erstmal geht es nur um Information und Verstehen.
Ihr könnt Euch besonders leicht auf ein Thema einigen, wenn es **viele** Themenvorschläge gibt, die **alle** in der Gruppe interessant finden.

5. Wenn Du ein Thema mit den vorgelesenen Handlungszielen nicht gerne bearbeiten möchtest, dann überlege Dir Ziele zu dem Thema, die Dich reizen würden. Frage Deine Gruppenmitglieder, ob diese Ziele zu dem Thema gehören (wenn ja, schreibe sie auf die Karte).
Umgekehrt: wenn jemand Dein Thema uninteressant findet, dann mache Vorschläge (nenne Ziele), so daß es für alle wichtig wird.

6. Gruppenmitglieder, die bei einem bestimmten Thema auf keinen Fall mitarbeiten würden, nennen dies und begründen ihre Entscheidung. Falls die Gruppe sie nicht doch noch davon überzeugen kann, daß das Thema für die Betreffenden interessant ist, wird es „gestrichen".

Es bleiben jetzt diejenigen Themenvorschläge übrig, an denen **alle** Gruppenmitglieder mitarbeiten würden. Das Interesse ist zwar unterschiedlich groß, aber es ist vorhanden. Die Gruppe hat also einen Konsens (eine Übereinstimmung) zu den restlichen Themen erreicht.

Herzlichen Glückwunsch!
Ihr habt eine (noch) seltene Leistung erbracht.

Einigung auf ein Projektthema

Einigung in der Großgruppe

7. Wahrscheinlich tauchen ein oder mehrere Themen bei allen Gruppen auf. Wenn Ihr die Themen nebeneinander hängt, die gleich oder sehr ähnlich sind, könnt Ihr es sofort erkennen.

a) Kommt ein Thema bei allen Kleingruppen vor, dann ist das Euer Projektthema.
Sind es mehrere, dann könnt Ihr
- das Thema nehmen, das die meisten Stimmen bekommt (dabei kann jede/r bei jedem Thema mitstimmen)
- oder losen
- oder würfeln
- oder eine Mehrheits-Abstimmung machen (jede/r hat nur eine Stimme).

b) Gibt es kein Thema, das in allen Gruppen vorkommt, dann nehmt Euch die Themen-Karten einer anderen Gruppe (am besten von der, die kein Thema mit Euch gemeinsam hat) und sammelt zu den Themen der anderen Gruppe Handlungsziele, die für Euch wichtig sind (wie bei Nr. 5). Wenn jetzt das Thema einer anderen Gruppe auch für Euch in Frage kommt, dann schreibt es auf eine Extrakarte und legt diese zu Euren Konsens-Themen.
Jetzt könnt Ihr weitermachen wie bei Nr. 7 a.

Stufen der Konfliktregelung

Wir haben Streit

1. Wir beruhigen die Beteiligten am Streit.

2. Wir klären: Wer hat mit wem Streit?

3. Wir sammeln: Was sind die Gründe für den Streit?

4. Wir bringen die Streitenden dazu, daß sie den Streit beenden wollen.

5. Wir sammeln Lösungsvorschläge für eine Beendigung des Streits.

6. Wir stellen fest, mit welchen Vorschlägen alle Beteiligten am Streit einverstanden wären.

7. Die Beteiligten entscheiden sich für eine Lösung
   (hierbei kann auch festgestellt werden, daß es zur Zeit keine gemeinsame Lösung gibt).

Damenbild

Einzelarbeit:

Ergänze die folgenden Sätze:

1. Das Bild zeigt ....
2. Sie hat im Haar ....
3. Auf dem Kopf trägt sie ....
4. Um den Nacken sehe ich ....
5. Die Feder im Haar ....
6. Das Tuch auf dem Kopf ....
7. Das Alter der Dame ist ungefähr ....

Gruppenarbeit:

Zeigt Euch gegenseitig den Umriß des Kopfes sowie Mund, Nase, Augen, Kinn (und Ohr) des Kopfes.

Erzählt Erlebnisse oder Konflikte, die von verschiedenen Personen völlig unterschiedlich wahrgenommen wurden.

Tod der Ratte

Sechs Szenen müssen von mehreren bzw. Einzelpersonen gespielt werden:

1. Szene: In einer Fabrik am Fließband. Ein Vater hat sich wehgetan und kann nicht mehr so schnell arbeiten. Die Schrauben, die er anziehen soll, sind nicht mehr alle fest. Der Vorgesetzte brüllt ihn an.

2. Szene: Der Vater kommt nach Hause. Er schmeißt die Tasche in die Ecke und guckt in den Kochtopf. Er sagt „Scheiße" und knallt die Tür hinter sich zu.

3. Szene: Die Mutter ahnt Schlimmes und will hinter dem Vater herlaufen. Dabei stolpert sie über die Füße ihres Sohnes, der auf dem Boden spielt. Sie haut ihm eine runter.

4. Szene: Der Sohn fängt an zu schreien und will in sein Zimmer rennen. Der Hund, an dem er vorbeikommt, erhält einen heftigen Tritt.

5. Szene: Der Hund heult auf und springt auf die Katze, die in der Ecke liegt. Er beißt ihr in den Rücken.

6. Szene: Die Katze springt aus dem Fenster und schnappt sich eine Ratte, die gerade vorbeiläuft. Sie tötet die Ratte und läßt sie liegen.

Das Stück kann auf der Straße gespielt werden. Anschließend Interviewen der Passanten: Wer war schuld am Tod der Ratte?

(vgl. hierzu auch den Film mit gleichem Titel)

Entscheidungsformen

- **Mehrheitsentscheidung:**
  Jede/r darf nur einmal stimmen. Gewählt wird der Vorschlag, der die meisten Stimmen erhält.

- **Relative Mehrheitsentscheidung:**
  Jede/r hat bei jedem Vorschlag eine Stimme. Gewählt wird der Vorschlag, der die meisten Stimmen erhält.

- **Delegiertenentscheidung:**
  In jeder Kleingruppe wird zu Beginn der Beratungen ein/e Delegierte/r gewählt. Diese/r soll die Gruppenentscheidung im späteren Delegiertenrat vertreten, auch wenn sie nicht der eigenen Meinung entspricht (imperatives Mandat).
  Im Delegiertenrat wird
    - über die Lösungsvorschläge der Gruppen informiert und anschließend
    - eine Entscheidung getroffen, die von den Gruppen bestätigt werden muß (ansonsten tritt sie nicht in Kraft),
    - oder eine Prioritätenliste mit Lösungsvorschlägen für die Gruppen erstellt, falls keine Einigung möglich ist,
    - oder gemeinsam festgestellt, daß keinerlei Einigung möglich ist und die Gruppen neu beraten müssen.

- **Konsensentscheidung:**
  Konsens ist ein Entscheidungsverfahren, bei dem alle Parteien ausdrücklich einverstanden sind mit dem endgültigen Beschluß. Konsens bedeutet nicht, daß alle Parteien vollständig mit dem endgültigen Ergebnis zufrieden sind; es bedeutet aber, daß der Beschluß für alle akzeptabel ist, weil niemand das Gefühl hat, daß seine/ihre Interessen oder Werte dadurch verletzt werden.
  Folgende Gründe sprechen dafür, Entscheidungen möglichst mit Konsens zu fällen:
    - Die Gruppenmitglieder kommen aus eigenem Antrieb in die Basisgruppe. Wenn sie ihre Vorstellungen nicht verwirklichen können, sich in Entscheidungen nicht wiederfinden, besteht die Gefahr, daß sie die Gruppe schnell wieder verlassen.
    - Entscheidungen, die gefällt werden, haben Konsequenzen im Handeln bzw. in der konkreten Arbeit. Die Verantwortung dafür muß von allen übernommen werden können, damit sie tragfähig ist und Teile der Gruppe nicht unterdrückt werden.
    - In unseren Umgangsformen streben wir ein menschliches, solidarisches Miteinander-Umgehen an, wozu auch gewaltfreie, herrschaftsfreie Kommunikation gehört.
    - Die Konsensentscheidung ist eine Form der Vorwegnahme neuer Umgangsformen der Gruppenmitglieder untereinander. Der Konsens repräsentiert die Form der Entscheidungsfindung, an der jedes Gruppenmitglied gleichberechtigt beteiligt ist.

Stufen der Entscheidungsfindung

1. Klären: Was ist das Problem?
   Was soll entschieden werden?

   ↓

2. Entscheiden: Welche Entscheidungsform wählen wir?
   a) Entscheidung durch Delegierte?
   b) Mehrheits-Entscheidung?
   c) Konsens-Entscheidung? (Wenn auch nur eine/r eine Konsens-Entscheidung verlangt, sollte sich die Gruppe darauf einlassen!)

   ↓

3. Meinungsäußerungen

   ↓

4. Sammeln von Lösungsvorschlägen

   ↙ ↘

Wenn Konsens-Entscheidung gewählt wurde:

5. Stimmungsbild durch Vor-Abstimmung

Bei Meinungsunterschieden:
6. Diskussion der Lösungsvorschläge

7. Konsens-Entscheidung (dabei können mehrere Entscheidungshilfen eingesetzt werden)

Wenn Mehrheits-Entscheidung gewählt wurde:

5. Diskussion der Lösungsvorschläge

6. Entscheidung durch Mehrheitsabstimmung

Konfliktarten

Filmvorführung:
„Die 12 Geschworenen"

Ein Mordprozeß geht zu Ende. Die Geschworenen ziehen sich zur Beratung zurück. Der Fall scheint klar zu liegen, denn viele Indizien sprechen gegen den Angeklagten. So glauben die Männer, ihre Aufgabe rasch erledigen zu können. Doch nicht alle sprechen das erwartete „Schuldig". Und das bedeutet für die verärgert reagierenden Männer eine vielleicht lange Diskussion, denn die amerikanische Prozeßordnung verlangt ein einstimmiges Urteil. Der Geschworene Nr. 8 glaubt zwar nicht an die völlige Unschuld des Angeklagten, aber er hegt doch ernsthafte Zweifel an der Eindeutigkeit der Beweise. Wenigstens eine Stunde der eingehenden Prüfung aller Indizien sei man dem Burschen schuldig. So wird nun Argument für Argument auf seine Stichhaltigkeit geprüft. Die Männer werden nachdenklich, einer nach dem anderen geht auf die Seite der „nicht schuldig" Stimmenden. Schließlich lautet das einstimmige Urteil „nicht schuldig".

Bundesrepublik Deutschland, 1963, Spielfilm, Regie: Günter Gräwert, 16 mm/Lichtton/sw, 95 Minuten

Auswertungshilfe:

Folgende Konflikte können eine Entscheidung beeinflussen:

a) Machtkonflikte (Wer setzt sich mit seiner Meinung durch?)

b) Beziehungskonflikte (Wen mag ich/nicht und unterstütze ich deshalb/nicht?)

c) Sachkonflikte (Interessiert mich die Sache oder das Thema oder beschäftigt mich etwas ganz anderes?)

d) Formkonflikte (Wenden wir die Mehrheitsentscheidung oder den Konsens an?)

e) Delegationskonflikte (Vertrete ich die Meinung meiner Gruppe/Clique/Auftraggeber richtig?)

Beschreibe, in welcher Form die o. a. Konfliktarten im Film vorkommen.

Murmeln-Konsens

Material:

Dreimal soviel Murmeln wie Personen. Jede Murmel sollte dreimal in der gleichen Farbe (oder Größe) vorkommen. Ausnahme: eine Farben-(Größen-)Art darf nur zweimal vorkommen, die dritte Murmel hat die Farbe (Größe) von drei anderen.
Beispiel:

        3 gelb
        3 rot
        3 weiß
        4 blau
        2 grün

        1 Teller

Spielregeln:

Jede Person erhält unterschiedliche Murmeln (drei Stück), nachdem die Spielregeln erklärt wurden.

- Niemand darf reden oder Zeichen geben.
- Wer eine Kugel nicht braucht, legt diese in die Tischmitte auf den Teller.
- Jede/r kann Murmeln vom Teller (nur von dort!) wegnehmen.
- Die Gruppenaufgabe ist erst beendet, wenn jede/r drei Murmeln gleicher Farbe (Größe) vor sich liegen hat.

Lösung:

Die Aufgabe ist nicht zu erfüllen. Wichtig ist, was passiert, wenn die erste Person/die ganze Gruppe dies gemerkt hat:

- Werden die Spiel-Regeln verletzt?
- Wird eine gemeinsame Lösung angestrebt (z. B. alle Murmeln auf den Teller)?
- Wird eine kreative Lösung gefunden (z. B. Murmel-Schießen über den Tisch)?
- Oder macht die Gruppe eine/n zum/r Verlierer/in, obwohl sie dadurch selbst zum Verlierer wird?

Die Übung ist auch mit Spielkarten möglich.

Handlungsziele erarbeiten

Um ein Richtziel zu erreichen, müssen kleine Schritte − sogenannte Handlungsziele − angestrebt werden.
Die ersten drei Handlungsziele zum gewählten Thema sind während der Einigung auf ein Projektthema gesammelt worden. Jetzt muß es darum gehen, weitere Handlungsziele zu finden, die Euch interessieren und dem Richtziel näherbringen. Hier noch einmal die Formulierungen, die das Sammeln von Handlungszielen erleichtern können:

Wir wollen ● herausbekommen ....
● ausprobieren ....
● .... (tun)

Beispiele zum Thema „Haustiere" (10-Jährige):

● Wir wollen **herausbekommen,** warum sich Leute Pferde anschaffen.
● Wir wollen **ausprobieren,** ob ein Schwein all das frißt, was Menschen essen.
● Wir wollen ein Tierheim besichtigen **(tun).**

Die einfachste (aber meist auch langweiligste) Art zum Sammeln von Handlungszielen geht so vor sich, daß alle die Ziele nennen, die ihnen gerade einfallen, und einer oder zwei mitschreiben (für alle sichtbar).
Es gibt aber auch Methoden, die sehr viel phantasievoller sind und Euch auf neue Ideen bringen:

1. Interview

Geht allein oder zu zweit durch den Ort. Dabei solltet Ihr etwas zum Schreiben oder einen Kassettenrecorder mit Mikrophon und Batterien mitnehmen.
Geht zu Passanten, stellt Euch kurz vor und bittet sie, Euch eine Frage zu beantworten. Wenn sie dazu bereit sind, könnt Ihr folgende Frage stellen:
„Was fällt Ihnen ein, wenn Sie das Thema... hören?"
Wenn Ihr keinen Recorder habt, dann notiert aus der Antwort die Stichworte, die Euch wieder an die Antwort erinnern können.
Beispiel zum Thema Rock-Musik:
„Mir ist unbegreiflich, wie man sich sowas anhören kann."
Stichwort: unbegreiflich.
Mit Hilfe der Stichworte oder Kassettenaufnahme könnt Ihr anschließend gemeinsam Handlungsziele formulieren. Zwei Schreiber/innen notieren abwechselnd die Ziele auf je einem Papierstreifen.

2. Erzählkette zum Projektthema

Setzt Euch in einen Kreis und stellt einen Kassettenrecorder in die Mitte (mit Micro). Eine/r stellt den Recorder auf „Pause", wenn niemand spricht. Mit einem Kopfnicken könnt Ihr signalisieren, daß Ihr sprechen wollt.
Ein Gegenstand (z. B. „Sprechball") wird jeweils im Kreis weitergegeben und zeigt an, wer gerade das Wort hat.
Jemand beginnt mit einem Satz eine Phantasiegeschichte, die Wirklichkeit sein könnte. Der/die Nächste setzt sie mit einem anderen Satz fort. Wenn jemandem nichts einfällt, wird der Gegenstand weitergegeben.
Hat niemand mehr Lust, dann hört die Geschichte gemeinsam an und sagt „Stop", wenn Euch ein Handlungsziel einfällt.
Schreibt jedes Ziel auf je einen Papierstreifen.

Handlungsziele erarbeiten

3. Telefonumfrage

Sucht Euch im Telefon-Branchenverzeichnis die Telefonnummern von Personen oder Firmen heraus, die zum Thema Wichtiges sagen könnten. Verteilt die Namen und Telefonnummern untereinander und geht zu verschiedenen Telefonen (Telefonzellen). Stellt Euch kurz vor und bittet die Person am anderen Ende der Leitung, Euch eine Frage zu beantworten. Wenn sie dazu bereit ist, könnt Ihr fragen:
„Was fällt Ihnen ein, wenn Sie das Thema ... hören?"
Notiert die Antworten in Stichworten.
Mit Hilfe dieser Stichworte könnt Ihr anschließend gemeinsam Handlungsziele formulieren, die Ihr auf je einen Papierstreifen schreiben solltet.

4. Lexika / Stichwort-Kataloge

Überlegt in der Gruppe Stichwörter, die mit dem Thema zu tun haben. Jede/r sollte sie mitschreiben.
Geht in eine Bibliothek und lest, was in Lexika zu diesen Stichwörtern geschrieben steht. Formuliert daraus Handlungsziele.
Schlagt in Stichwort-Karteien nach, welche Bücher es zu Euren gesammelten Stichworten gibt. Seht Euch die Inhaltsverzeichnisse dieser Bücher an und notiert die Handlungsziele, die Euch dann einfallen (auf je einem Papierstreifen).

5. Schulfächer

Überlegt in der Gruppe Stichwörter, die mit dem Thema zu tun haben. Jede/r sollte sie mitschreiben.
Seht die Stichwortverzeichnisse der Schulbücher daraufhin durch, ob Eure Stichworte darin vorkommen. Wenn ja, dann lest die entsprechenden Abschnitte im Buch und notiert die Handlungsziele, die Euch dabei einfallen (auf je einem Papierstreifen).
Ihr könnt auch die Fachlehrer befragen, was ihnen zu Euren Stichworten einfällt, und aus deren Antworten Handlungsziele formulieren.

6. Hausbesuche

Geht zu zweit von Haustür zu Haustür, stellt Euch kurz vor und bittet die Bewohner, Euch eine Frage zu beantworten. Wenn sie dazu bereit sind, fragt:
„Was fällt Ihnen ein, wenn Sie das Thema ... hören?"
Notiert die Antworten in Stichworten und formuliert anschließend gemeinsam aus den Stichworten Handlungsziele.
Schreibt sie auf je einen Papierstreifen.

7. Über den Weg gelaufen

Setzt Euch um das großflächig vorgezeichnete Straßennetz. Überlegt, wann und wo Euch das Thema schon mal „über den Weg gelaufen ist", und tragt dies in Form von Zeichnungen, Stichworten oder Symbolen ein.
Formuliert anschließend gemeinsam Handlungsziele und schreibt sie auf je einen Papierstreifen.

Über den Weg gelaufen

Handlungsziele strukturieren

Vergleichen

Lest Euch die gesammelten Handlungsziele der anderen Gruppen durch. Wenn Ihr welche entdeckt, die Ihr noch nicht habt, dann notiert sie auf je einem Papierstreifen.

Zusammenfassen

Überlegt gemeinsam, welche Eurer Handlungsziele zu einem Bereich gehören, und legt sie zusammen. Vielleicht fallen Euch Namen zu diesen Bereichen ein, so daß Ihr verschiedene Überschriften bekommt.

Ordnen

Oft sind Handlungsziele nur erreichbar, wenn vorher andere erreicht wurden. Überprüft in jedem Bereich, welche Reihenfolge der Handlungsziele sinnvoll ist und legt (numeriert) die Papierstreifen entsprechend.

Handlungsziele strukturieren

Beziehungsgeflecht

Wenn Ihr Euer Thema noch besser bearbeiten wollt, nehmt eine große Wandzeitung und schreibt das Thema in die Mitte.

Schreibt (oder klebt) die Bereiche um das Thema herum (nicht zu eng) und verbindet sie mit dem Thema. Überlegt jetzt, welche Institutionen (z. B. Wohnungsamt), Gruppen (z. B. Nachbarn) und Personen (z. B. Vermieter) mit diesen Bereichen zu tun haben und schreibt diese jeweils um die Bereiche.

Ihr habt jetzt vielleicht einen besseren Einblick in die gesellschaftliche Bedeutung Eures Themas. Die Wandzeitung kann Euch auch später eine gute Hilfe sein, wenn Ihr überlegt, mit welchen Mitteln und Methoden die Handlungsziele zu erreichen sind.

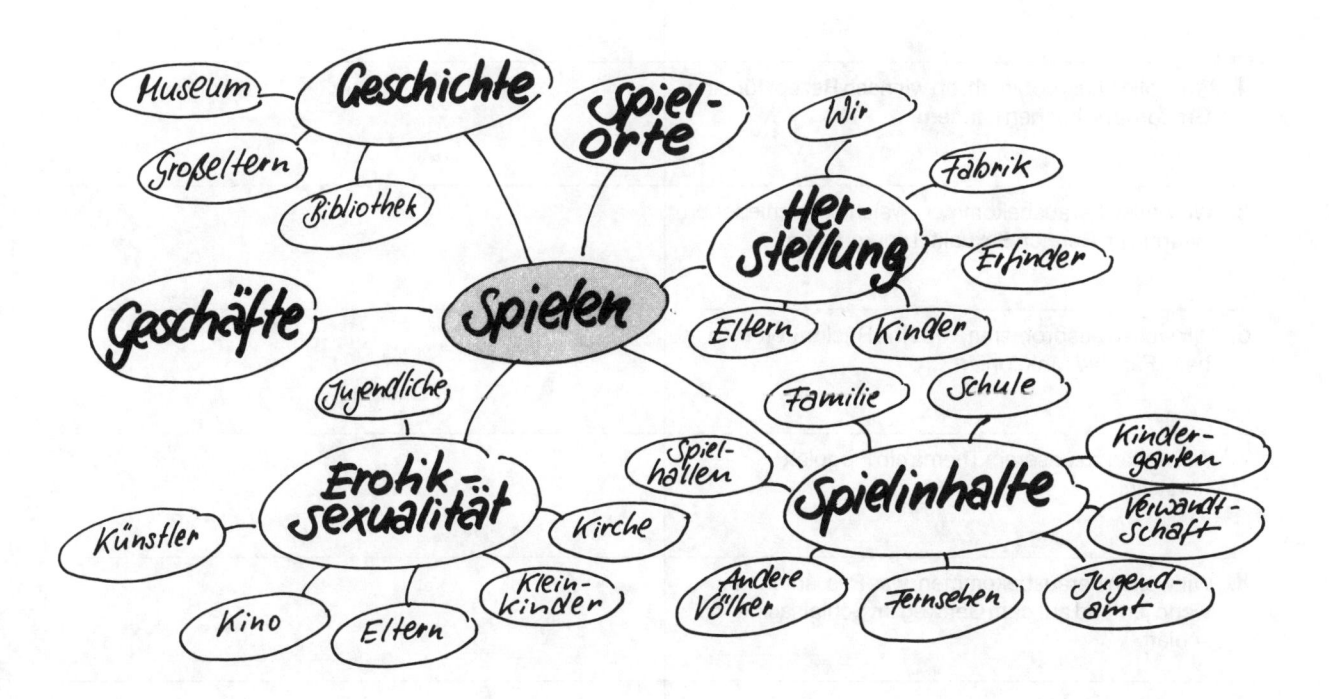

K. 8.1.1.

Wie schaffen wir's?

Handlungsziel	Methode
1. Wir wollen herausbekommen, warum sich Leute Pferde anschaffen.	
2. Wir wollen ausprobieren, welche Themen am besten in unsere Zeitung kommen.	
3. Wir wollen ein Drehbuch schreiben.	
4. Wir wollen ausprobieren, ob wir nach Rezept für eine Großgruppe kochen können.	
5. Wir wollen herausbekommen, welche verschiedenen Begriffe im Bereich Sexualität vorkommen.	
6. Wir wollen ausprobieren, wie eine Rücktrittbremse beim Fahrrad funktioniert.	
7. Wir wollen zu unserem Thema ein Flugblatt herstellen.	
8. Wir wollen herausbekommen, was Passanten tun, wenn jemand auf dem Gehweg im Schlafsack schläft.	
9. Wir wollen eine Molkerei von innen ansehen.	
10. Wir wollen herausbekommen, welche verschiedenen Arten von Comics es gibt.	
11. Wir wollen uns die älteste Urkunde unseres Ortes ansehen.	
12. Wir wollen herausbekommen, woraus Alkohol entsteht.	

Methoden-Salat

Montieren oder Demontieren

Experimentieren (Versuch machen)

Imitieren (Nachmachen)

Provozieren (Herausfordern)

Interviewen

Besichtigen oder Erkunden

Film ansehen

Fernsehen

In die Bibliothek gehen

Im Stadtarchiv suchen

Bücher lesen

Zeitung lesen

Anrufen

Vortrag anhören

Beobachten (ist auch möglich durch Fotografieren, Filmen, Zeichnen, Skizzieren, Tabellieren, auf Tonband aufnehmen)

Organisieren

Brief schreiben

Beraten

Richtziel-Katalog

1. Infokiosk

Am Infokiosk könnt Ihr Informationen über Euer Thema in verschiedener Weise anbieten: als Broschüre, Handzettel, Button, Plakat, Unterschriftenliste, Fotos . . .
Attraktiver wird Euer Stand, wenn Ihr nicht nur einen Tisch benutzt, um Eure Materialien auszulegen, sondern auch noch nach Möglichkeiten sucht, etwas aufzuhängen z. B. an Sonnenschirmen, Kleiderstangen, Kartenständern . . .
Den Infokiosk könnt Ihr natürlich auch noch schmücken mit Luftballons, Girlanden, Spruchbändern oder sonstigen Dingen, die zum Thema passen.

2. Wandzeitung

Die Wandzeitung bietet Euch die Möglichkeit, Eure Informationen und Erkenntnisse über ein Thema in überwiegend sprachlicher Form darzustellen. Bevor Ihr Eure Ergebnisse mit Farbe und Pinsel oder dicken Filzstiften auf das „Papier" bringt, erstellt Ihr am besten einen Entwurf, der folgende Bedingungen erfüllt:

- kurze und genaue Informationen
- übersichtliche Darstellung (Absätze, unterschiedliche Schrifttypen und Farben . . .)
- auflockernde Gestaltung (Bilder, Textsymbole . . .)

3. Collage

Wenn Ihr Eure Projektergebnisse in Form einer Collage darstellen wollt, so reicht es nicht aus, wenn Ihr nur vorgegebene und fertige Materialien wie Bilder und Texte ausschneidet und sie mehr oder weniger beziehungslos neben- bzw. untereinander aufklebt. Achtet darauf, daß Ihr aus Bruchstücken unterschiedlicher Materialien (Natur-, Industrie-, Abfallprodukten, Textilien, Sammelstücken . . .) etwas „Neues" gestaltet und somit eine neue Wirklichkeit kombiniert. Eigene Formulierungen („Schreiben") oder künstlerische Ausführungen („Zeichnen", „Malen") könnt Ihr ebenfalls einflechten. Wichtig sind hierbei pfiffige Ideen und Witz bei der Montage der Materialien.

4. Lerncassette

Mit der Lerncassette könnt Ihr Hörer unterhalten und über ein bestimmtes Thema informieren. Vorbilder könnten Euch sein: das Morgenmagazin, Hallo Ü-Wagen mit Carmen Thomas, das Mittagsmagazin . . .
Aus Euren Projektergebnissen könnt Ihr Sachbeiträge für die Sendung formulieren. Eine Mischung aus Information und Unterhaltung spricht den Hörer besonders an. Dabei sollten bei Euren Redebeiträgen sowohl „Experten" als auch „Betroffene" oder „Meinungsmacher vor Ort" zu Wort kommen. Die Pausen und Übergänge könnt Ihr mit Musik ausfüllen. Thematisch passend wäre super!
Um Pannen bei der Aufnahme zu vermeiden, solltet Ihr ein Konzept der Sendung haben.
Ihr braucht folgende Personen für die Sendung:

- 1 Moderator/in: er/sie kündigt das Thema der Sendung an, gibt dem Hörer einen Überblick über die zu erwartenden Beiträge und leitet die verschiedenen Beiträge mit wenigen Sätzen ein.
- mehrere Redakteure/innen
- Experten/innen
- Bürger/innen bzw. andere Teilnehmer/innen der Sendung

… K. 9.2. (B)

Richtziel-Katalog

Folgenden Aufbau könnte die Sendung haben:
- Thema oder Motto der Sendung
- 1. Wortbeitrag (z. B. Experte Selbstherrlich)
- Musik
- 2. Wortbeitrag (z. B. Interview vor Ort: Redakteur Wahnsinn mit Frau Ohnmacht)
- Musik
- 3. Wortbeitrag (z. B. Redakteur Einfalt leitet Expertendiskussion)
- Musik
- Schlußwort

5. Hörspiel

Mit einem Hörspiel könnt Ihr Eure Projektergebnisse entweder in eine spannende Geschichte oder in einen Dialog verpacken.
Bei der Geschichte könnt Ihr Eure Phantasie spielen lassen.
Ihr braucht eine/n Erzähler/in, mehrere Sprecher/innen und eine/n Techniker/in, der/die für die Hintergrundmusik (z. B. Straßenlärm, Donner, Knistern . . .) verantwortlich ist.
Als Anregung für einen Dialog kann Euch „Papa, Charly hat gesagt . . ." dienen. Für diese Form des Hörspiels eignen sich besonders Projektergebnisse, die ein Problem oder einen Mißstand darstellen. Ihr könnt das Problem in Form von „Fragen und Antworten", „Meinung und Gegenmeinung" aufrollen. Wenn Ihr Euren Standpunkt zu dem Problem deutlich machen wollt, müßt Ihr überzeugende Argumente für einen der beiden Sprecher/innen finden.

6. Videofilm

Mindestens eine/r von Euch sollte Erfahrungen mit dem Videofilmen haben, weil sonst soviel Arbeit auf Euch zukommt, daß die Präsentationsart (Videofilm) zum Projektthema wird.
In Eurer Filmmannschaft könnt Ihr etwa 5 Personen dauernd beschäftigen: Kameramensch, Tontechniker/in, Regie, Moderator/in, Beleuchter/in. Wenn jede/r von Euch alle Techniken beherrscht, so daß Ihr ständig die Aufgaben wechseln könnt, solltet Ihr Euch auf ein Filmziel einigen:

- Wollt Ihr das Projekt **begleiten,** also eine Dokumentation erstellen?
- Wollt Ihr einen Film über das **Projektergebnis** herstellen?
- Wollt Ihr andere informieren, wie ein **Projekt zu diesem Thema** durchgeführt werden kann?

Wenn Ihr ein Drehbuch schreibt, wißt Ihr immer, was und wie Ihr filmen wollt. Hier die nötigen Inhalte:

Nummer der Einstellung	Schauplatz/ Drehort	Einstellung	Ton	Drehzeit

Richtziel-Katalog

7. Fotoausstellung

Diese Präsentationsform setzt voraus, daß Ihr Kenntnisse im Umgang mit Kameras und in der Dunkelkammerarbeit habt, weil sonst die Präsentationsart zum Projektthema wird. Wichtig für Eure Entscheidung ist ebenfalls, daß eine Fotoausstellung kosten- und zeitintensiv ist.

Gliedert Euer Thema in überschaubare Bereiche, die deutlich sichtbar werden. Beim Fotografieren von Menschen laßt Euch nicht vom Schnappschußgedanken leiten, sondern nehmt zunächst Kontakt zu ihnen auf.

Habt Ihr Eure Fotos gemacht und die Filme entwickelt, so stellt zunächst Kontaktabzüge her. In einer Art Redaktionssitzung solltet Ihr Eure Arbeitsergebnisse im Hinblick auf das Thema überprüfen. Wählt die Bilder dahingehend aus, daß sie keine Wiederholungen enthalten und nichts Unwesentliches darstellen.

Wollt Ihr nun Abzüge machen, so nehmt großformatiges und mattes Papier, da viele kleine Fotos den Betrachter überanstrengen.

Die wirkungsvollste Form ist, wenn Ihr Eure Fotos mit einem Passepartout verseht und sie in Wechselrahmen steckt. Es reicht aber auch aus, sie auf Fotokarton zu kleben und sie noch mit einem farbigen Filzstift zu umranden.

Als Einstieg in die Ausstellung könnt Ihr auf einer eigenen Tafel oder in einem Begleitheft Eure Erfahrungen in der Auseinandersetzung mit dem Thema wiedergeben. Es ist nicht ratsam, jedes Foto mit Text zu versehen, da dieses den/die Betrachter/in zu sehr von der eigentlichen Aussage des Fotos ablenkt und ein oberflächliches Betrachten hervorruft. Dennoch dürft Ihr auf eine Textbegleitung nicht verzichten.

Wie schon oben erwähnt, solltet Ihr die Ausstellung in Bereiche unterteilen und jeweils einen Bereich mit einer Texttafel begleiten. Hier braucht Ihr nicht nur auf eigene Texte zurückgreifen, sondern könnt auch entsprechende Literatur wählen.

Wenn Ihr Eure Bilder aufhängt, achtet darauf, daß Ihr einen Raum mit genügend Licht auswählt und die Bilder in Augenhöhe eines normal gewachsenen Menschen (ca. 1,70 m) angebracht werden.

8. Theaterstück

Bei dieser Präsentationsform ist es ebenfalls wichtig, daß einige von Euch Erfahrung mit Theater haben, da sie sehr umfangreich ist, und die Gefahr besteht, daß die Darstellung zum eigentlichen Projektthema wird.

Wenn sich Euer Thema als „Theaterstück" inszenieren läßt, könnt Ihr folgende Aufgaben verteilen:
1. Texter/innen, die aus den Projektergebnissen eine Handlung machen und ein Drehbuch schreiben
2. Dekorateure/innen, die das Bühnenbild entwerfen und herstellen
3. Bühnenbildner/innen, die das Bühnenbild entwerfen und herstellen
4. Spieler/innen, die die Spielhandlung gestisch, mimisch und verbal darstellen
5. Techniker/innen, die für die Beleuchtung, den Vorhang etc. verantwortlich sind
6. Organisatoren/innen, die das erforderliche Material beschaffen

9. Sketch

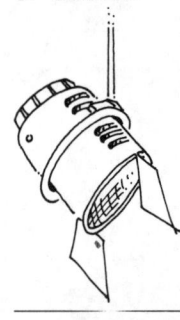

Ein Sketch ist eine wirkungsvolle, kurze Bühnenszene mit meist witziger Pointierung. Wollt Ihr Eure Projektergebnisse als Sketch darstellen, entwickelt aus ihnen kleine Szenen, die das Wichtige schnell und deutlich erkennbar werden lassen.

Berücksichtigt dabei,

- daß jeder Sketch nur einen Schwerpunkt des Themas enthält, da zu viele Aspekte das Thema sehr schnell verwischen können,
- daß nicht zu viele Personen beteiligt sind, da sonst die Sprechanteile der einzelnen Personen zu gering werden und dieses für die Zuschauer unbefriedigend wird,
- daß die Pointe deutlich, außerdem nicht mißverständlich wird.

K. 9.2. (D)

Richtziel-Katalog

Falls sich aus den Inhalten die Notwendigkeit einer Kulisse ergibt, solltet Ihr eine herstellen; sie ist aber nicht zwingend erforderlich. Da es sich beim Sketch nicht um eine Improvisation handelt, ist es ratsam, die einzelnen Szenen mehrmals durchzuspielen, was Euch auch mehr Sicherheit geben kann.

10. Pantomime

Die Pantomime ist eine Möglichkeit, ein Thema, eine soziale Erfahrung oder einen Eindruck nur mit dem Körper und ohne Worte darzustellen.
Falls Ihr Euch für diese Präsentationsform entscheidet, solltet Ihr wissen, daß sie ein hohes Maß an Konzentration verlangt und die Bereitschaft voraussetzt, verschiedene Körperbewegungen und Körperausdrücke (z. B. Trauer, Freude, Überraschung, ...) darzustellen und einzuüben.
Nehmt Euch der Reihe nach die Projektergebnisse vor und sucht nach Möglichkeiten, wie sich das jeweilige Ergebnis als Situation oder Verhaltensweise auf den Körperausdruck des Menschen übertragen läßt.
Eure Körperbewegungen, Handgesten und Mimiken werden deutlicher, wenn Ihr neutrale, dunkle Kleidung tragt und ohne Dekoration vor einem weißen Vorhang spielt.

11. Gebrauchsgegenstand

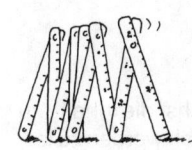

Diese Präsentationsform spricht Euch sicherlich an, wenn Ihr ein handwerkliches Thema bearbeitet, z. B. „Wir bauen ein Fahrzeug" (Floß, Tandem ...), „Wir bauen ein Windrad", „Rund um's Töpfern", „Kleidung und wir" ...
Bevor Ihr anfangt, den Gegenstand herzustellen oder zu bauen, laßt Eure Phantasie schweifen und fertigt Skizzen und Bauzeichnungen an. Je genauer und sorgfältiger Ihr dabei arbeitet, desto zufriedener werdet Ihr mit dem Ergebnis Eurer Arbeit sein. Versucht, alle notwendigen Materialien aufzulisten und sie rechtzeitig zu besorgen sowie alle organisatorischen Dinge zu erledigen.

12. Plastik / Objekt

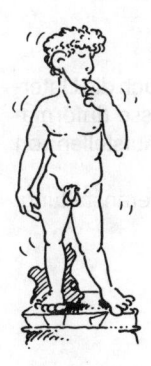

Wollt Ihr Eure Projektergebnisse im künstlerischen Bereich darstellen, so bieten sich als Möglichkeiten die Plastik und das Objekt an.
Als Plastik bezeichnet man die dreidimensionale (Länge, Breite/Tiefe, Höhe) Darstellung eines Raums, Gegenstandes oder einer Person, die durch Hinzufügen von Material entstanden ist.
Schaut Euch die Projektergebnisse an, überlegt und entscheidet, welches der folgenden Materialien sich am besten eignet: Pappmaché, Wachs, Ton, Plastilin, Knetmasse, Gips. Für Bronze, Eisen, Stahl und Aluminium braucht Ihr Gußformen.
Bevor Ihr mit dem Modellieren anfangt, macht Euch Skizzen, wie das Ergebnis aussehen soll. Da Ihr für die verschiedenen Materialien unterschiedliche Geräte und Werkzeuge benötigt, erkundigt Euch, ob diese vorhanden sind oder besorgt werden können.
Überlegt, entwerft und stellt etwas her, worauf bzw. worin Ihr Eure Plastiken ausstellen wollt (Säule, Sockel, Vitrine ...).
Als Objekt bezeichnet man Gegenstände des alltäglichen Gebrauchs, trivialästhetische Gegenstände und Naturgegenstände, die zum Kunstwerk gemacht worden sind.
Ihr könnt zwischen folgenden Möglichkeiten wählen, Gegenstände zum Objekt zu machen:

- Gegenstände aus dem Alltagszusammenhang herausnehmen und in einen anderen Zusammenhang stecken,
- den Gebrauchswert der Gegenstände verändern, so daß sie nicht mehr zu benutzen, dafür aber zu betrachten sind und zur Auseinandersetzung anregen,
- die materiellen Eigenschaften eines Gegenstandes ins Gegenteil verkehren (z. B. aus hart wird weich), so daß dem Objekt eine neue Bedeutung gegeben werden kann (z. B. Spielobjekt),

Richtziel-Katalog

- Gegenstände überdimensioniert darstellen, so daß die Wirklichkeit verfremdet wird und einen neuen Sinn erhält,
- Gegenstände verändern oder herstellen (Pappmaché, Draht, Holzgerüst, Zeitungen, Farben, Schaumstoff, Gipsbinden...), um durch die von herkömmlichen Vorstellungen abweichenden Merkmale Klischees in Frage zu stellen.

Schaut Euch die Projektergebnisse an, überlegt die verschiedenen Möglichkeiten und entscheidet Euch für eine.
Bevor Ihr mit der Herstellung des Objekts anfangt, fertigt eine Materialliste an und besorgt die erforderlichen Sachen.

13. Aktion

Mit einer Aktion könnt Ihr durch ausgefallene Handlungen auf ein Problem aufmerksam machen und andere Personen zum Engagement herausfordern. Als Beispiel können Aktionen aus dem politischen Alltag der Friedens-, Frauen- und Gewerkschaftsbewegung dienen, z. B. „Straßentheater", „Denkmal setzen", „die in", „Mahnwache", „Hearing", „Solidaritätsveranstaltung", „Podiumsdiskussion", „Blockade".
Mit Hilfe von Plakaten, Info-Ständen, kleinen Sketchen, Herstellung und Verkauf von „stickers", „sandwiches", Transparenten könnt Ihr Eure Projektergebnisse und Probleme darstellen und verdeutlichen.

14. Broschüre

Wollt Ihr Eure Projektergebnisse in Form einer Broschüre darlegen, versucht, zunächst die Inhalte zu gliedern und diese Gliederung in Kapiteln mit Unterpunkten und Überschriften deutlich werden zu lassen. Neben Textbeiträgen (Reportagen, Berichten, Interviews...) könnt Ihr Zeichnungen, Skizzen, Grafiken, Tabellen und Rätsel verwenden, die das Thema näher erläutern bzw. illustrieren.
Bevor Ihr die Artikel schreibt, entscheidet, ob Ihr die Broschüre kopieren oder abziehen wollt.
Entwerft ein Titelblatt, verseht den Entwurf mit Seitenzahlen und stellt ein Inhaltsverzeichnis her.

15. Unternehmung

Habt Ihr ein Projektthema gewählt, bei dem es darum geht, etwas vorzubereiten, ist für Euch die Unternehmung die naheliegendste Präsentationsform. Hier könnt Ihr Eure Projektergebnisse (Informationsbeschaffung und -auswertung, Erstellen von Programmen, Kostenberechnungen, Aufstellen von Zeitplänen,...) in konkrete Handlungen folgen lassen und umsetzen.
Solche Unternehmungen können sein: Ausflug, Fahrradtour, Fest, Besuch einer Veranstaltung, Wochenendzeltlager, Picknick...

16. Markt

Eine weitere Möglichkeit der Präsentation ist der Markt, wenn Euer Projektthema darauf abzielt, etwas herzustellen, Alternativen aufzuzeigen, zu vergleichen und zu tauschen. So könnt Ihr ihn organisieren als Verkaufs- oder als Tauschmarkt.

Gruppenanalyse

1. Wieviel Zeit habe ich für die Mitarbeit in der Gruppe

    wöchentlich? _____

    längerfristig? _____

2. Welche Auswirkungen haben meine Beziehungen auf die Mitarbeit in der Gruppe?

    Beziehungen zu Gruppenmitgliedern: _____

    nach außerhalb (Familie, Freunde ...): _____

3. Wie stark kann ich die Gruppe finanziell unterstützen?

    _____

4. Welche Informationen, Kenntnisse und Fähigkeiten kann ich der Gruppe zur Verfügung stellen?

    _____

5. Mit welchen Schwächen von mir muß die Gruppe umgehen können?

    _____

6. Welche Ängste habe ich, die die Gruppenarbeit beeinflussen könnten?

    _____

7. Welche persönlichen Erwartungen habe ich an die Gruppe?

    _____

8. Welche meiner Kontakte können für die Gruppenarbeit wichtig sein?

    _____

9. Welche Materialien kann ich besorgen oder zur Verfügung stellen?

    _____

    _____

K. 14.2.

Wochenplan-Entscheidungshilfe

Es bestehen unterschiedliche Möglichkeiten, die Handlungsziele in einem zeitlich festgelegten Rahmen – hier Wochenrhythmus – zu bearbeiten. Hilfreich ist Euch jetzt, daß Ihr die Handlungsziele zu Teilbereichen zusammengefaßt habt.

1. Möglichkeit:

Legt fest, mit welchem Teilbereich Ihr als Gruppe beginnen wollt und wer aus der Gruppe welches Handlungsziel verantwortlich übernimmt. Bestimmt ebenfalls eine Reihenfolge, in der Ihr die anderen Teilbereiche bearbeiten wollt und klärt, welches Gruppenmitglied welches Handlungsziel daraus verwirklichen soll.

2. Möglichkeit:

Legt fest, wer aus der Gruppe welchen Bereich bearbeitet, so daß alle Handlungsziele verteilt sind. Erforderlich ist auch zu bestimmen, mit welchem Handlungsziel jede/r einzelne aus dem eigenen Teilbereich beginnt und in welcher Reihenfolge er/sie die restlichen Handlungsziele verwirklicht.

Diskutiert über die beiden Möglichkeiten und entscheidet Euch in der Gruppe für eine Vorgehensweise.

K. 14.2.1.1. (A)

Zahlenbildrätsel

Du malst ein Phantasietier, wenn Du die Ergebnisse der Aufgaben in der Reihenfolge verbindest, in der die Aufgaben untereinander stehen.

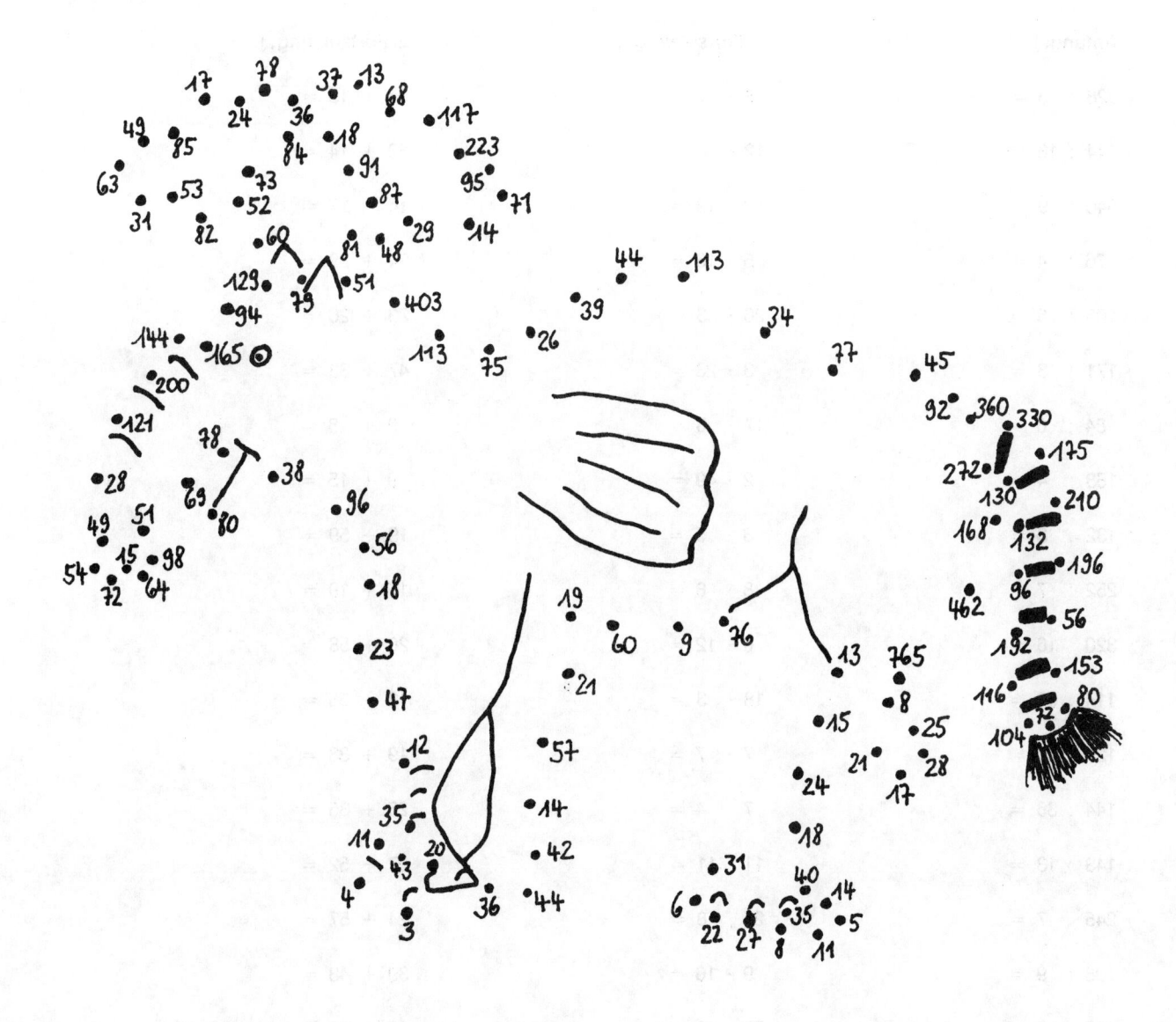

Zahlenbildrätsel

Phantasietier

Anfang: ↓	1. Fortsetzung: ↓	2. Fortsetzung: ↓
228 : 3 =	8 · 7 =	67 + 15 =
144 : 16 =	12 · 8 =	39 + 14 =
540 : 9 =	2 · 19 =	14 + 17 =
76 : 4 =	5 · 16 =	34 + 29 =
105 : 5 =	26 · 3 =	23 + 26 =
171 : 3 =	3 · 23 =	47 + 38 =
84 : 6 =	17 · 3 =	9 + 8 =
168 : 4 =	2 · 49 =	9 + 15 =
132 : 3 =	3 · 5 =	19 + 59 =
252 : 7 =	8 · 8 =	17 + 19 =
320 : 16 =	6 · 12 =	26 + 58 =
114 : 38 =	18 · 3 =	18 + 55 =
129 : 3 =	7 · 7 =	19 + 33 =
144 : 36 =	7 · 4 =	25 + 35 =
143 : 13 =	11 · 11 =	27 + 52 =
245 : 7 =	25 · 8 =	24 + 57 =
108 : 9 =	9 · 16 =	39 + 48 =
235 : 5 =	55 · 3 =	25 + 66 =
161 : 7 =	2 · 47 =	7 + 11 =
162 : 9 =	43 · 3 =	19 + 18 =

K. 14.2.1.1. (B)

Zahlenbildrätsel

3. Fortsetzung ↓	4. Fortsetzung: ↓	Ende: ↓
111 − 98 =	23 · 4 =	56 : 7 =
159 − 91 =	45 · 8 =	75 : 3 =
164 − 47 =	66 · 5 =	112 : 4 =
322 − 99 =	25 · 7 =	85 : 5 =
253 − 158 =	35 · 6 =	126 : 9 =
205 − 134 =	28 · 7 =	85 : 17 =
91 − 77 =	14 · 4 =	143 : 13 =
211 − 182 =	17 · 9 =	96 : 12 =
206 − 158 =	16 · 5 =	84 : 4 =
306 − 255 =	12 · 6 =	91 : 7 =
471 − 68 =	13 · 8 =	225 : 15 =
207 − 94 =	29 · 4 =	168 : 7 =
152 − 77 =	32 · 6 =	72 : 4 =
91 − 65 =	24 · 4 =	200 : 5 =
123 − 84 =	33 · 4 =	280 : 8 =
81 − 37 =	26 · 5 =	81 : 3 =
471 − 358 =	34 · 8 =	132 : 6 =
963 − 929 =	56 · 3 =	42 : 7 =
345 − 268 =	77 · 6 =	124 : 4 =
91 − 46 =	85 · 9 =	152 : 2 =

K. 14.2.1.1. (C)

Projekt-Wochenplan

K. 14.3.1.

Name: _____ Gruppe: _____

	Montag	Dienstag	Mittwoch	Donnerstag	Freitag
Welche Handlungsziele wollen wir erreichen? (Stichwort oder Nr.) Wie und wo wollen wir das machen? (Stichworte)					
Vormittag					
Nachmittag					

K. 15.3.1.

Projekt-Tagesplan

Projekt-Tagesplan

Tag:
Name:
Gruppe:

Handlungsziel (Stichwort)	Was mache ich dazu und wo mache ich es?	Mit wem mache ich es?	Welches Material brauche ich?	Wann? (von ... bis ...)

Tagesreflexion

Tagesreflexion

Name: _____

Gruppe: _____

1. Was habe ich heute gelernt? (nimm den Tagesplan zuhilfe!)

_____
_____
_____
_____

2. Was hat mir heute gut gefallen?

_____
_____
_____
_____

3. Was können wir morgen besser machen?

_____
_____
_____
_____

Selbstbeobachtung

Kreuze jeweils eine Zahl an:

1. Heute fühlte ich mich in der Gruppe
   nicht wohl   1 2 3 4 5 6 7 8 9   sehr wohl.

2. Ich fühlte mich den anderen gegenüber
   unfrei, gehemmt   1 2 3 4 5 6 7 8 9   frei, gelöst,
   voreingenommen   1 2 3 4 5 6 7 8 9   unvoreingenommen.

3. Ich wurde von der Gruppe heute
   ausgeschlossen   1 2 3 4 5 6 7 8 9   angenommen.

4. Unsere Gespräche empfand ich als
   nicht sachbezogen   1 2 3 4 5 6 7 8 9   sachbezogen,
   unrealistisch   1 2 3 4 5 6 7 8 9   realistisch.

5. Die Teilnehmer/innen waren heute
   nicht bereit   1 2 3 4 5 6 7 8 9   sehr bereit,
   andere Meinungen zu hören und aufzunehmen.

6. Die gemeinsame Arbeit war für mich heute
   langweilig, uninteressant   1 2 3 4 5 6 7 8 9   sehr interessant.

7. Die Arbeitsschritte bzw. die bearbeiteten Handlungsziele haben mich heute
   nicht interessiert   1 2 3 4 5 6 7 8 9   interessiert.

8. Ich habe heute
   gar keine   1 2 3 4 5 6 7 8 9   viele
   Erfahrungen mit Projektlernen gemacht.

9. Die äußeren Bedingungen (Länge der Arbeitsphasen, Arbeitsräume . . .) haben mir
   nicht zugesagt   1 2 3 4 5 6 7 8 9   sehr zugesagt.

Gruppenarbeitsspirale

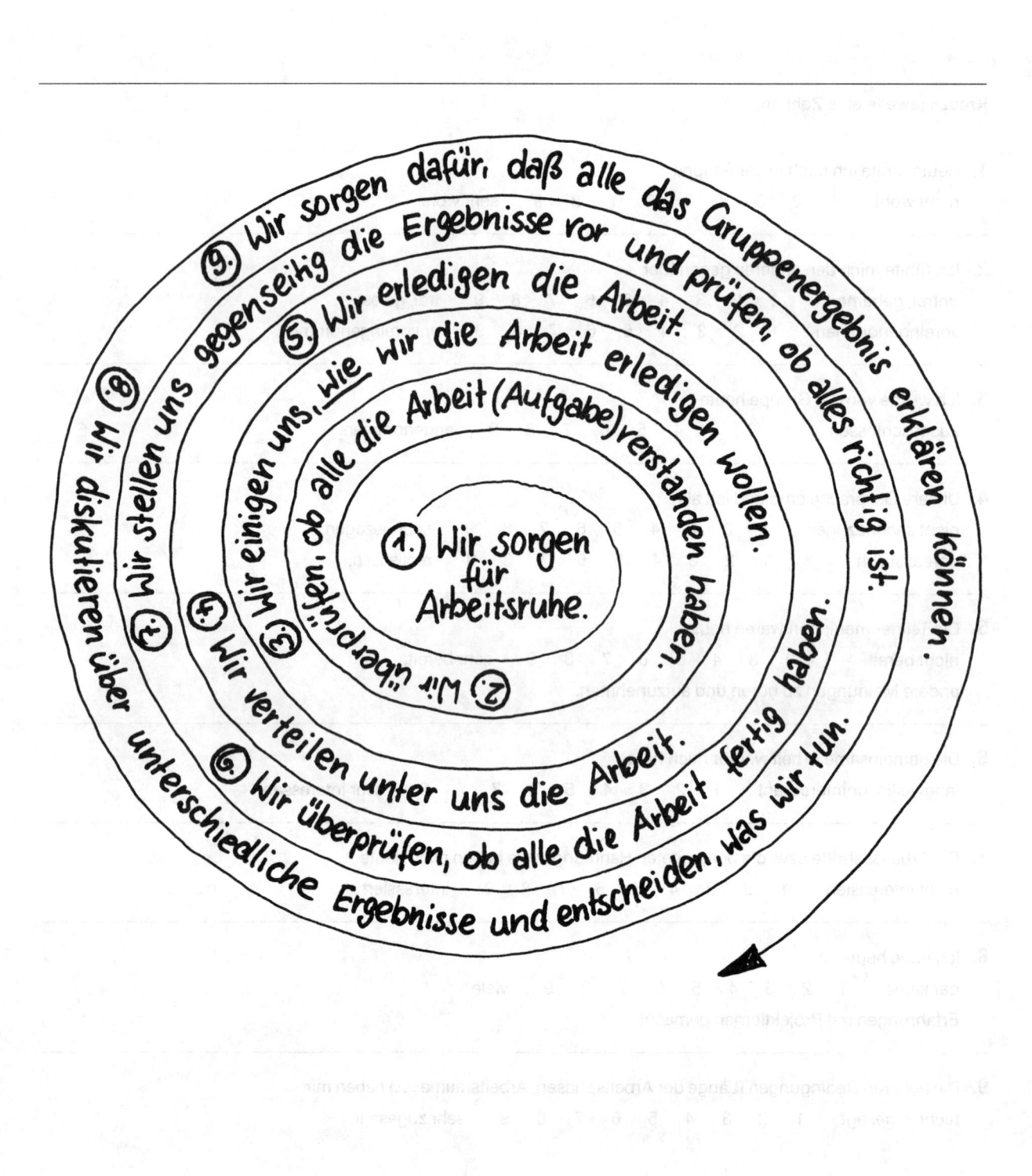

1. Wir sorgen für Arbeitsruhe.
2. Wir überprüfen, ob alle die Arbeit (Aufgabe) verstanden haben.
3. Wir einigen uns, _wie_ wir die Arbeit erledigen wollen.
4. Wir verteilen unter uns die Arbeit.
5. Wir erledigen die Arbeit.
6. Wir überprüfen, ob alle die Arbeit fertig haben.
7. Wir stellen uns gegenseitig die Ergebnisse vor und prüfen, ob alles richtig ist.
8. Wir diskutieren über unterschiedliche Ergebnisse und entscheiden, was wir tun.
9. Wir sorgen dafür, daß alle das Gruppenergebnis erklären können.

Gruppenarbeitsspirale

Wir bewerten unsere Zusammenarbeit in der Gruppe:
+ (gut), − (schlecht), o (mittelmäßig)

Gruppe:	Datum	Datum	Datum	Datum	Datum	Datum
1. Wir sorgen für Arbeitsruhe.						
2. Wir überprüfen, ob alle die Arbeit (Aufgabe) verstanden haben (z. B. lassen wir die Aufgabe von einem/r oder zweien wiederholen).						
3. Wir einigen uns, wie wir die Arbeit erledigen wollen (welche Methode wir anwenden).						
4. Wir verteilen unter uns die Arbeit.						
5. Wir erledigen die Arbeit.						
6. Wir überprüfen, ob alle die Arbeit fertig haben.						
7. Wir stellen uns gegenseitig die Ergebnisse vor und prüfen, ob alles richtig ist.						
8. Wir diskutieren über unterschiedliche Ergebnisse und entscheiden, was wir tun.						
9. Wir sorgen dafür, daß alle das Gruppenergebnis erklären können.						

//
K. 18.1.2.2.

Gruppen-Wettstreit

Gruppe:	Bewertungszeit:		
1. Kann die Gruppe sich so leise verhalten, daß andere Gruppen nicht gestört werden?			
2. Sind der Gruppenplatz, das Gruppenfach und der Gruppen-Ordner in Ordnung?			
3. Fangen nach einem Arbeitsauftrag alle Gruppenmitglieder sofort mit der Arbeit an?			
4. Arbeitet die Gruppe zusammen, helfen sich die Gruppenmitglieder?			
5. Kann die Gruppe Streit schlichten, ohne andere zu stören?			
6. Hat die Gruppe gute Arbeitsergebnisse?			

Gruppenbild mit Tieren

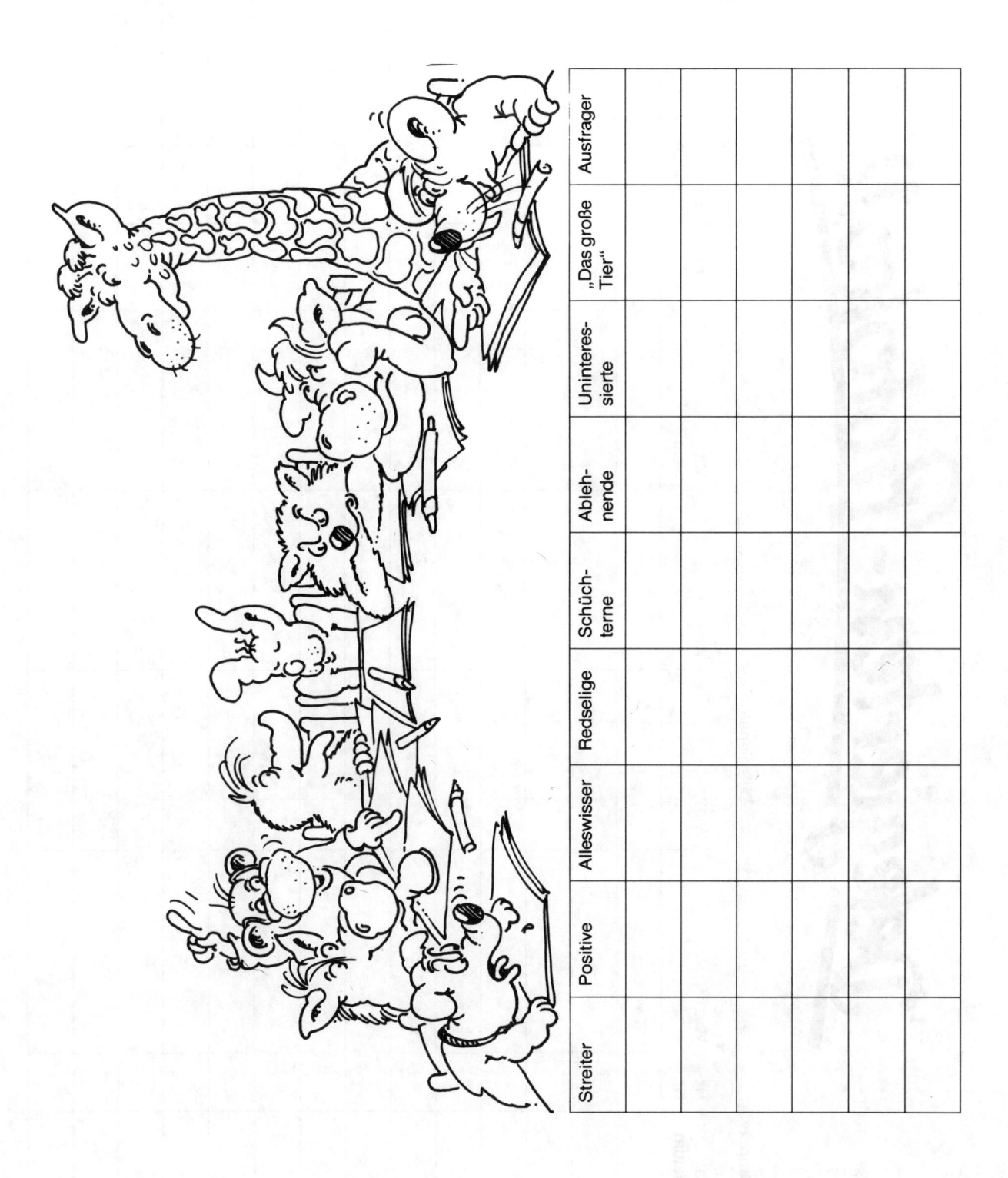

Streiter	Positive	Alleswisser	Redselige	Schüchterne	Ablehnende	Uninteressierte	„Das große Tier"	Ausfrager

Delegierten-Protokoll

K. 19.1.2.

Delegierten-Protokoll

Gruppe: _____ Delegierte/r: _____ vom _____

Tag Datum	Hz-Nr.	Was?	Wie?	Wo?	Mit wem?	Wann?	Vorschlag zur Zusammenarbeit mit

Auswertungsbogen

K. 21.1.1.

	Selbstreflexion	Gruppenaussage
1. Wurde das Thema bewußt entschieden?		
2. Wurden die Handlungsziele eindeutig formuliert und betrafen sie viele Aspekte?		
3. Wurde zielorientiert gearbeitet?		
4. Wurden Methoden zur Bearbeitung von Handlungszielen bewußt und zielorientiert ausgesucht?		
5. Wurde planmäßig gearbeitet?		
6. War das Arbeitstempo angemessen und wurde die Zeit genutzt?		
7. Wurden die Ziele erreicht und waren die Arbeitsergebnisse gut und ansprechend?		
8. Wurden Arbeits- und Lernphasen selbstkritisch und umfassend reflektiert?		
9. Wurde aus Mißerfolgen gelernt und wurden Konsequenzen gezogen?		
10. Wurden Entscheidungsverfahren bewußt eingesetzt?		
11. Wurden Konflikte gewaltfrei geregelt?		
12. War die Zusammenarbeit mit anderen Gruppenmitgliedern gut?		
13. Wurde für ein positives Gruppenklima gesorgt?		

Literatur

Anarchismus und Pädagogik in der Diskussion. In: *Rosenthal/Klemm (Hg.):* Anarchismus und Bildung. Zeitschrift für libertäre Pädagogik. Heft 1. Ulm 1986

Arbeitsgruppe Oberkircher Lehrmittel (AOL): Das AOL-Projekte-Buch. Lichtenau 1992[2]

Barclay, Harold: Völker ohne Regierung. Berlin 1985

Bastian, Johannes: Lehrer im Projektunterricht. In: Westermanns Pädagogische Beiträge 6/1984

Baumann/Klemm/Rosenthal (Hg.): Geschichten und Perspektiven anarchistischer Pädagogik. In Werkstattbericht Pädagogik Band 1. Grafenau 1985

betrifft: erziehung (Hg.): Projektorientierter Unterricht. 2. Auflage. Weinheim/Basel 1978

Duncker/Götz: Projektunterricht als Beitrag zur inneren Schulreform. Langenau-Ulm 1984

Frey, Karl: die Projektmethode. Weinheim und Basel, 1990[3]

Fritz, Jürgen: Gruppendynamik und Jugendarbeit. München 1973

Gordon, Thomas: Lehrer-Schüler-Konferenz. Hamburg 1977

Gronemeyer, Marianne: Lebenlernen unter dem Zwang der Krise? In: *Bahr, Ekkehard:* Anders leben - überleben, S. 113-148. Frankfurt 1978

Gudjons, Herbert: Was ist Projektunterricht? In: Westermanns Pädagogische Beiträge 6/1984

Gudjons, Herbert: Handlungsorientiertes Lehren und Lernen. Projektunterricht und Schüleraktivität. Bad Heilbrunn 1989

Heller/Semmerling (Hg.): Das ProWo-Buch. Leben, Lernen, Arbeiten in Projekten und Projektwochen. Königstein 1983

Hessisches Institut für Bildungsplanung und Schulentwicklung (Hg.): Gemeinsames Lernen in Projekten. Wiesbaden 1986

Huth, Manfred: 77 Fragen und Antworten zum Projektunterricht. Graue Reihe 001, AOL-Hamburg 1988

Illich, Ivan u.a.: Entmündigung durch Experten. Reinbek 1979

Karas/Hinte: Grundprogramm Gemeinwesenarbeit. Wuppertal 1978

Klippert, Heinz: Projektwochen. Weinheim/Basel 1989[2]

Koch, Juergen: Projektwoche konkreter. Lichtenau 1992[6]

Lecke, Detlef (Hg.): Lebensorte als Lernorte: Handbuch Spurensicherung. Frankfurt 1983

Mager, Robert F.: Lernziele und Unterricht. Weinheim 1977

Meyer, Herbert: Leitfaden zur Unterrichtsvorbereitung. Königstein 1980

Noll/Blumbach/Goldmann: Wie man kleine Netze baut. Gelsenkirchen 1984

Peccei, Aurelio (Hg.): Das menschliche Dilemma. Zukunft und lernen. Wien/München/Zürich/Innsbruck 1979

Scheller, Ingo: Erfahrungsbezogener Unterricht. Königstein 1981

Schweingruber, Robert: Das Projekt in der Schule. Bern 1984

Stanford, Gene: Gruppenentwicklung im Klassenraum und anderswo. Braunschweig 1980

Struck, Peter: Projektunterricht. Stuttgart 1980

Stubenrauch, Herbert: Gesamtschul- und Alternativschulentwicklung? In: Neue Deutsche Schule 19/1980

Zoll/Lippert: Die soziale Gruppe. Frankfurt 1979

Sachregister

Abschluß Kap. 20, 20.3.1.1., S. 95
Absprachen Kap. 19, 19.3.1., S. 93
Absprachen treffen Kap. 19, S. 90
Ärger – Freude oder Betroffenheit Kap. 4, 4.1.4., S. 23
Aktives Zuhören Kap. 5, 5.4.1.2., S. 31
Aktueller Informationsstand Kap. 14, 14.1.1., S. 67
Arbeitsergebnisse mitteilen Kap. 17, S. 76
Arbeitsformen Kap. 2, 2.1.1.2., S. 17
Arbeitsfrühstück Kap. 19, 19.1.1., S. 91
Arbeitsräume gestalten Kap. 12, S. 60
Arbeitszeiten festlegen Kap. 11, S. 56
Assoziationen Kap. 4, 4.1.5., S. 25
Aufführung Kap. 17, 17.3.7., S. 81
Aufgabenteilung Kap. 3, 3.1.1.1., S. 21
Aufgabenteilung rotierend Kap. 3, 3.2.1., S. 21
    Kap. 3, 3.2.1.1., S. 21
Auf geht's Kap. 16, 16.2.1., S. 73
Auflockerungsspiele Kap. 20, 20.2.2.1., S. 95
Ausleihen Kap. 16, 16.1.4., S. 73
Auslieferungslager Kap. 17, 17.2.2., S. 79
Ausstellung Kap. 17, 17.3.6., S. 81
Auswertungsbogen Kap. 21, 21.1.1., S. 97

Beobachtungsbogen Kap. 3, K 3.1.1.
Bewerbung Kap. 10, 10.5.1.1., S. 55
Beziehungsgeflecht Kap. 7, 7.3.4., S. 43
    Kap. 10, 10.1.1., S. 51
Bezugsfäden Kap. 17, 17.2.1., S. 79
Bilder Kap. 7, 7.1.7.1., S. 43
Blinder Spaziergang Kap. 16, 16.2.3.1., S. 75
Brennpunkt Kap. 4, 4.1.6., S. 25

Collage Kap. 17, 17.3.8., S. 81

Damenbild Kap. 5, 5.6.3., S. 33
Das kann ich nicht Kap. 16, 16.1.1.2., S. 73
Daten sammeln Kap. 15, 15.1.1., S. 69
Delegierten-Protokoll Kap. 19, 19.1.2., S. 91
Delegiertenrat Kap. 9, 9.3.1., S. 49
Denk-Mal Kap. 17, 17.1.2.1., S. 77
Designer-Fete Kap. 12, 12.4.1., S. 61
Die unglaubliche Geschichte Kap. 12, 12.1.1., S. 61
Drei Gesichter Kap. 18, 18.1.4., S. 87

Einigung auf ein Projektthema Kap. 5, K. 5
Einkaufen Kap. 16, 16.1.3., S. 73
Einstieg Kap. 13, 13.1.1.1., S. 63
Eins-zwei-vier Kap. 5, 5.7.1.2., S. 33
Emotionalität Kap. 1, S. 12
    Kap. 20, S. 94
Entscheidungsfähigkeit Kap. 5, S. 28
    Kap. 19, S. 90
Entscheidungsformen Kap. 5, 5.7.1.1., S. 33
    Kap. 11, 11.3.1., S. 59
Erwartungskarten Kap. 13, 13.3.2., S. 65
Erzählkette Kap. 7, 7.1.2., S. 39
Eselspiel Kap. 5, 5.6.1.1., S. 33
Experiment Kap. 17, 17.3.14, S. 81

Expertenliste Kap. 7, 7.1.3.1., S. 39
    Kap. 10, 10.1.1.3., S. 51
Expertenmeinungen Kap. 20, 20.2.1., S. 95

Fachhandlungsziele Kap. 7, 7.1.4.1., S. 41
Feuerprobe Kap. 10, 10.2.1., S. 51
Filmauswertung Kap. 4, 4.1.3.1., S. 23
Firmen-Berufe Kap. 6, 6.1.2.1., S. 35
    Kap. 10, 10.1.1.2., S. 51
Forderungskatalog Kap. 21, 21.2.1., S. 99
Fotos Kap. 17, 17.3.10., S. 81
Freudenturm und Klagemauer Kap. 21, 21.1.5., S. 99
Funktionärs-Entscheidung Kap. 19, 19.2.1.1., S. 91

Gelogen Kap. 17, 17.1.1.2., S. 77
    Kap. 17, 17.3.3.1., S. 81
Geräusche Kap. 17, 17.1.5.1., S. 79
Geschichten erfinden Kap. 7, 7.1.2.1., S. 39
Gesprächspartner Kap. 7, 7.1.3.2., S. 39
Größer als... Kap. 12, 12.3.1.1., S. 61
Großgruppen-Wahl Kap. 5, 5.7.1., S. 33
Gruppenanalyse Kap. 10, 10.5.1., S. 55
    Kap. 11, 11.2.1., S. 57
Gruppenarbeitsspirale Kap. 18, K. 18.1.2.1.
Gruppenarbeits-Thesen Kap. 2, 2.1.2., S. 17
Gruppenaufgaben Kap. 3, 3.1.1., S. 21
Gruppenaufgaben verteilen Kap. 3, S. 20
Gruppen bilden Kap. 2, S. 16
Gruppenbild mit Tieren Kap. 18, 18.1.5., S. 87
Gruppenbildung Kap. 2, 2.2.1., S. 17
Gruppenbildungs-Übungen Kap. 2, 2.2.1.1., S. 17
Gruppenbuch Kap. 18, 18.1.4.1., S. 87
Gruppenfrühstück Kap. 1, 1.2.2.1., S. 15
Gruppen-Konsens Kap. 5, 5.6.1., S. 33
Gruppenkontrolle Kap. 15, 15.4.1.1., S. 71
Gruppenordner-Gestaltung Kap. 13, 13.3.1., S. 63
Gruppenprozeß Kap. 5, S. 28
Gruppenselbstdarstellung Kap. 13, 13.3.1.1., S. 63
Gruppen-Wettstreit Kap. 18, 18.1.2.2., S. 85
    Kap. 21.1.1.1., S. 97
Günstige Quellen Kap. 16, 16.1.2., S. 73

Handlungsziele Kap. 7, 7.2.1., S. 43
Handlungsziele erarbeiten Kap. 7, S. 38
Handlungsziele erreichen Kap. 16, S. 72
Handlungsziele strukturieren Kap. 7, K. 7.3.
Hausbesuche Kap. 7, 7.1.6., S. 41
Hearing Kap. 17, 17.3.1., S. 79
Herrschaftslosigkeit Kap. 10, S. 50
    Kap. 15, S. 68
Heterogenität Kap. 2, S. 16
    Kap. 18, S. 82
Hobby-Experte Kap. 17, 17.1.1.1., S. 77
    Kap. 17, 17.3.1.1., S. 79
Hörbare Materialien Kap. 17, 17.1.5., S. 79
Hörkassette Kap. 17, 17.3.12., S. 81
Hörszene Kap. 17, 17.3.13., S. 81
Hürden überwinden Kap. 16, 16.2.2., S. 75
Hyde-Park Kap. 21, 21.2.1.1., S. 99

Ich-Botschaften Kap. 5, 5.2.1.2., S. 29
Ich finde gut an dir, daß Kap. 13, 13.3.2.1., S. 65
Ich will . . . Kap. 5, 5.2.1.1., S. 29
Ich wünsch mir was Kap. 12, 12.2.1.1., S. 61
Idealisten-Tour Kap. 6, 6.3.1., S. 37
Informationsrunde Kap. 14, 14.1.1.1., S. 67
Initiativen Kap. 19, 19.2.2.1., S. 93
Insel-Zeit Kap. 11, 11.1.2., S. 57
Interaktion Kap. 1, S. 12
Interessen erkennen Kap. 5, 5.5.1., S. 31
Interessengebundenheit Kap. 4, S. 22
Interview Kap. 7, 7.1.1., S. 39
Ist-Raum und Soll-Raum, Kap. 12, 12.2.1., S. 61

Jahrhundertbesuch Kap. 11, 11.1.1., S. 57

Kartei-Vorhang Kap. 6, 6.2.2.2., S. 37
Kleine Netze Kap. 2, S. 16
   Kap. 16, S. 72
Kollektives Produkt Kap. 9, S. 46
Kollektiv Lehrender und Lernender Kap. 3, S. 20
   Kap. 17, S. 76
Kompetenzen Kap. 6, S. 34
   Kap. 20, S. 94
Komplexe Zusammenhänge Kap. 7, S. 38
   Kap. 21, S. 96
Konfliktarten Kap. 5, 5.7.1.4., S. 33
Konflikterhellung Kap. 5, 5.5.1.2., S. 31
Konfliktfähigkeit Kap. 5, S. 28
Kontrollierter Dialog Kap. 1, 1.2.1.1., S. 13
   Kap. 5, 5.4.1.1., S. 31
Koordinationsrat Kap. 19, 19.2.1., S. 91
Kreissitzen Kap. 16, 16.2.3.2., S. 75
Kreisspiegel Kap. 1, 1.1.1.1., S. 13
Kummerschwein/Kummerkasten Kap. 4, 4.1.4.1., S. 23
Kunstobjekte Kap. 12, 12.4.1.2., S. 61
Kurzreflexion Kap. 18, 18.1.1.1., S. 83
Kurz-Überlegung Kap. 15, 15.3.1.2., S. 71

Lebensformen Kap. 2, 2.1.1.1., S. 17
Lebenszusammenhang Kap. 6, S. 34
Lernbogen Kap. 18, 18.1.3., S. 85
Lernen als Prozeß Kap. 8, S. 44
   Kap. 18, S. 82
   Kap. 21, S. 96
Lernen im Haushalt? Kap. 18, 18.1.3.1., S. 85
Lernen im Lebensraum Kap. 4, S. 22
   Kap. 16, S. 72
Lernintensität Kap. 1, S. 12
   Kap. 16, S. 72
Lernort – außerhalb Kap. 15, 15.2.1., S. 69
Lexika/Stichwort-Kataloge Kap. 7, 7.1.4., S. 41
Lexikon-Stichwort Kap. 4, 4.1.5.1., S. 25
Licht aus, Spot an Kap. 9, 9.2.2.1., S. 47
Loben-Interview Kap. 7, 7.1.1.1., S. 39
Lotto Kap. 21, 21.1.2.1., S. 97
Lügengeschichte Kap. 17, 17.3.3., S. 81

Mahlzeit Kap. 1, 1.2.2., S. 15
Manuelle Materialien Kap. 17, 17.1.3., S. 77
Materialproblem Kap. 16, 16.1.1.1., S. 73

Messe Kap. 9, 9.2.2., S. 47
Methoden-Salat Kap. 8, 8.2.1., S. 45
Methoden überlegen Kap. 8, S. 44
Mitarbeiter-Beschreibung Kap. 6, 6.1.2., S. 35
Mitarbeiter-Definition Kap. 6, 6.1.1., S. 35
Mitarbeiter-Kartei Kap. 6, 6.2.2., S. 35
Mitarbeiter-Netz Kap. 6, 6.2.1., S. 35
Mitarbeiter/innen werben Kap. 6, S. 34
Motivation Kap. 2, S. 16
   Kap. 13, S. 62
Multiple choice Kap. 15, 15.1.1.1., S. 69
Murmeln-Konsens Kap. 5, 5.7.1.5., S. 33

Nachbarschaftshilfe Kap. 16, 16.1.1., S. 73
Nachbarschafts-Test Kap. 5, 5.3.1., S. 29
Name und Geste Kap. 1, 1.1.1., S. 13

Ordnen Kap. 7, 7.3.3., S. 43

Partner-Interview Kap. 1, 1.2.1., S. 13
Phantastereien Kap. 11, 11.1.1.1., S. 57
   Kap. 12, 12.1.1.1., S. 61
Phantastisch Kap. 20, 20.2.1.1., S. 95
Planungsbüro Kap. 19, 19.2.2., S. 93
Plus-Minus-Kringel Kap. 18, 18.1.2.1., S. 83
   Kap. 21, 21.1.1.2., S. 97
Prioritätenliste Kap. 12, 12.3.1., S. 61
Projekt auswerten Kap. 21, S. 96
Projektbaum Kap. 4, K. 4.4.
Projekteinstimmung Kap. 13, 13.1.1., S. 63
Projektergebnisse darstellen oder erleben Kap. 20, S. 94
Projektgruppenordner Kap. 13, 13.2.1., S. 63
Projekttag beginnen Kap. 13, S. 62
Projekttagesplan Kap. 15, 15.3.1., S. 71
Projekttag reflektieren Kap. 18, S. 82
Projektteilnehmer/innen kennenlernen Kap. 1, S. 12
Projektthema entscheiden Kap. 5, S. 28
Projektthemen sammeln Kap. 4, S. 22
Projekt-TÜV Kap. 20, 20.1.1., S. 95
Projekt-Wochenplan Kap. 14, 14.3.1., S. 67
Pustebilder Kap. 5, 5.3.1.3., S. 31
   Kap. 10, 10.1.1.1., S. 51
Puzzle Kap. 19, 19.2.1.2., S. 93

Ratschläge Kap. 21, 21.2.2., S. 99
Raumermittlung Kap. 15, 15.2.3., S. 69
Raumstruktur Kap. 12, S. 60
Raus aus dem Loch Kap. 20, 20.2.2., S. 95
Recycling Kap. 12, 12.4.1.1., S. 61
Richtziel bestimmen Kap. 9, S. 46
Richtziel-Gipfel Kap. 20, 20.3.1., S. 95
Richtziel-Katalog Kap. 9, 9.2.1., S. 47
Rollenspiel Kap. 17, 17.3.15., S. 81
Rollentausch Kap. 5, 5.5.1.1., S. 31
Rotierendes Plenum Kap. 17, 17.3.2., S. 81

Schatzkiste Kp. 20, 20.1.1.1., S. 95
Schaukasten Kap. 18, 18.2.1., S. 87
Schulfächer Kap. 7, 7.1.5., S. 41
Selbstbeobachtung Kap. 18, 18.1.2., S. 83

Selbstbestimmung Kap. 7, S. 38
　　　　　　　　 Kap. 14, S. 66
Selbstorganisation Kap. 3, S. 20
　　　　　　　　　 Kap. 14, S. 66
Sinnlichkeit Kap. 4, S. 22
　　　　　　 Kap. 13, S. 62
Solidarität Kap. 9, S. 46
Solidaritätsgruppen Kap. 18, 18.3.2., S. 89
Spaziergang mit Kassettenrecorder Kap. 4, 4.1.1., S. 23
Spielausleihe-Kartei Kap. 6, 6.2.2.1., S. 35
Spitzengruppe Kap. 2, 2.1.1., S. 17
Sprechball Kap. 4, 4.5.1., S. 27
　　　　　　 Kap. 4, 4.5.1.1., S. 27
Spurensuche Kap. 10, 10.4.1.1., S. 51
Stimmungsbarometer Kap. 21, 21.1.3., S. 97
Streitgespräch Kap. 17, 17.3.4., S. 81
Stützen Kap. 16, 16.2.3., S. 75
Stufen der Entscheidungsfindung Kap. 5, 5.7.1.3., S. 33
Stufen der Konfliktregelung Kap. 5, 5.6.2., S. 33
Szene Kap. 17, 17.3.11., S. 81
Szenische Materialien Kap. 17, 17.1.4., S. 77

Tätigkeiten-Quiz Kap. 6, 6.1.2.2., S. 35
Tagesablauf Kap. 4, 4.1.3., S. 23
Tagesplan aufstellen Kap. 15, S. 68
Tagesplan-Kontrolle Kap. 15, 15.4.1., S. 71
Tagesreflexion Kap. 18, 18.1.1., S. 83
Telefonumfrage Kap. 7, 7.1.3., S. 39
Test-Tour Kap. 6, 6.3.1.1., S. 37
Thema politisch absichern Kap. 10, S. 50
Themen-Karten Kap. 5, 5.1.1., S. 29
Tip des Tages Kap. 18, 18.3.1., S. 89
Tischauswertung Kap. 21, 21.1.4., S. 99
Tisch-Roulette Kap. 18, 18.3.2.1., S. 89
Tod der Ratte Kap. 5, 5.6.4., S. 33
Traumreise Kap. 15, 15.2.1.1., S. 69

Über den Weg gelaufen Kap. 7, 7.1.7., S. 43
Überzeugen Kap. 6, 6.3.1.2., S. 37
Umfeldanalyse Kap. 10, 10.4.1., S. 51
Umgang mit Kassettenrecorder Kap. 4, 4.1.1.1., S. 23
Und dann? Kap. 9, 9.1.1., S. 47
Unendlicher Dialog Kap. 9, 9.1.1.1., S. 47
Unterstützer oder Gegner? Kap. 10, 10.3.1., S. 51

Verbale Materialien Kap. 17, 17.1.1., S. 77
Vergessenes Kap. 10, 10.6.1., S. 55
Vergleichen Kap. 7, 7.3.1., S. 43
Verstehen Kap. 5, 5.4.1., S. 31
Versuchslabor Kap. 17, 17.1.3.1., S. 77
Vertrauen Kap. 2, S. 16
Verwandtschaftsbefragung Kap. 7, 7.1.6.1., S. 41
Videofilm Kap. 17, 17.3.9., S. 81
Visuelle Materialien Kap. 17, 17.1.2., S. 77
Vorführ-Kassette Kap. 4, 4.1.1.2., S. 23
Vorher − jetzt Kap. 21, 21.1.2., S. 97
Vorstellung Kap. 1, 1.1.2.1., S. 13
Vortrag Kap. 17, 17.3.5., S. 81

Wandzeitung Kap. 4, 4.1.6.1., S. 25
Was−wann−wie und wo? Kap. 14, 14.3.2., S. 67
Wer ist in der Großgruppe? Kap. 1, 1.1.2., S. 13
Wie schaffen wir's? Kap. 8, 8.1.1., S. 45
Wochenplan-Entscheidungshilfe Kap. 14, 14.2.1., S. 67
Wochenplan erarbeiten Kap. 14, S. 66
Wochenschau Kap. 19, 19.1.1.1., S. 91
Wortkette Kap. 4, 4.1.5.2., S. 25
Wortspiel Kap. 5, 5.3.1.1., S. 29
Wortspinne Kap. 5, 5.3.1.2., S. 29
Wunschtisch Kap. 21, 21.1.4.1., S. 99

Zahlenbildrätsel Kap. 14, 14.2.1.1., S. 67
Zeiterfragung Kap. 15, 15.2.2., S. 69
Zeit-Protokoll Kap. 11, 11.3.1.1., S. 59
　　　　　　　 Kap. 15, 15.3.1.1., S. 71
Zeit-Spirale Kap. 11, 11.2.2., S. 59
Zeitstruktur Kap. 11, S. 56
　　　　　　 Kap. 14, S. 66
Zeitungen/Zeitschriften Kap. 4, 4.1.2., S. 23
Zeitungsständer Kap. 4, 4.1.2.1., S. 23
Zielgerichtetes Lernen Kap. 15, S. 68
Ziel-Test Kap. 5, 5.2.1., S. 29
Zuordnungs-Übungen Kap. 8, 8.2.1.1., S. 45
　　　　　　　　　　　 Kap. 10, 10.1.1.4., S. 51
Zusammenfassen Kap. 7, 7.3.2., S. 43
Zwangzeit-Wunschzeit Kap. 11, 11.2.1.1., S. 57

Freiarbeit: Lernabenteuer.

- Unsere Freiarbeit-Materialien stammen aus der Unterrichtspraxis
- Sie fördern das selbständige Lernen von Klasse 1 bis Klasse 13
- Sie sind genehmigungsfrei, umweltfreundlich, stabil und preiswert
- Sie beachten die Probleme der Ähnlichkeitshemmung
- Sie erarbeiten den Freiarbeit-Grundwortschatz (FGWS)
- Sie führen von der Freien Arbeit zum Projektunterricht.

Genauer informiert das schwarze Taschenbuch *Lernen mit Kopf, Herz und Hand* (Nr. 444, 3.- DM)

Englische-Idioms-Röllchen

- ☐ 30 Idioms-Röllchen I Nr F923, 9,80 DM
  Wichtige Idioms (mit wörtlicher und mit übertragener Übersetzung). Mit Schachtel + Aufkleber.
- ☐ 30 Idioms-Röllchen II Nr F924, 9,80 DM
  Fortführung von I (etwas schwieriger) mit Zubehör
- ☐ 30 Idioms-Röllchen III Nr F925, 9,80 DM
  Fortführung von II (etwas schwieriger) mit Zubehör
- ☐ A7 Karton für eigene Röllchen Nr F840, 1,95 DM

Herthas schöne Sil-ben- & Spe-zia-li-sten-büch-lein:

12 kleine Silbenbüchlein im Papp-Kästchen: zum Raten + Rechtschreiben, auch für schwierige Wörter:
- ☐ 12 Silbenbüchlein Kl. 1, Nr F781, 12,80 DM
- ☐ 12 Silbenbüchlein Kl. 2, Nr F782, 12,80 DM
- ☐ 12 Silbenbüchlein Kl. 3, Nr F783, 12,80 DM
- ☐ 12 Silbenbüchlein Kl. 4, Nr F784, 12,80 DM
- ☐ 48 Silbenbüchlein Kl. 1-4, Nr F780, 49,00 DM

Grundschulkartei & Ideenkiste & die Lernorte-Kartei:

- ☐ Die Grundschulkartei Band 1 Nr F751, 39.- DM
  Für Lehrer der Klassen 0-5: Jede Stunde mit einem neuen Einfall! Die A5-Kartei für **alle** Fächer & **alle** Fälle. Auch für fachfremde Kollegen. Im Ringbuch.
- ☐ Kopiervorlagen zur GSK 1 Nr F761, 49.- DM
  Für Schüler der Klassen 0-5: Zusätzliche konkrete Vorschläge zur Grundschulkartei. A4 im Ringbuch.
- ☐ Die Lernorte-Kartei blanko Nr F729, 24.- DM
  48 vorgedruckte stabile Karteikarten zum Ausfüllen für den Aufbau eine Lernorte-Kartei für alle Klassen. Für Schulleben, Stadtteil, GÖS! Im A5-Ringbuch.
- ☐ Ideenkiste Band 1 Nr F771, 39.- DM
  Tolle Ideen für Schulen mit wenig Geld: 48 A5-Karten mit Fotos + Stichworten für die GS aus der Lernwerkstatt der GS Bonbaden :Schulleben/Möbel/Organisation/Pause/Unterricht...Im Ringbuch.

Knick und tipp in D und M!

64 kleine Aufgaben pro Kl. und Fach mit einfacher und sicherer Selbstkontrolle (incl. Papp-Kästchen):
- ☐ *64 Knick und tipp* Math. Kl. 1 Nr F881, 8,80 DM
- ☐ *64 Knick und tipp* Math. Kl. 2 Nr F882, 8,80 DM
- ☐ *64 Knick und tipp* Math. Kl. 3 Nr F883, 8,80 DM
- ☐ *64 Knick und tipp* Math. Kl. 4 Nr F884, 8,80 DM
- ☐ *64 Knick & tipp* Deutsch Kl. 1 Nr F891, 8,80 DM
- ☐ *64 Knick & tipp* Deutsch Kl. 2 Nr F892, 8,80 DM
- ☐ *64 Knick & tipp* Deutsch Kl. 3 Nr F893, 8,80 DM
- ☐ *64 Knick & tipp* Deutsch Kl. 4 Nr F894, 8,80 DM
- ☐ *512 Knick & tipp* M+D Kl. 1-4 Nr F890, 70,00 DM
- ☐ *64 Knick & tipp* Math. Kl. 5 Nr F885, 8,80 DM
- ☐ *64 Knick & tipp* Math. Kl. 6 Nr F886, 8,80 DM
- ☐ *64 Knick & tipp* Deutsch Kl. 5 Nr F895, 8,80 DM
- ☐ *64 Knick & tipp* Deutsch Kl. 6 Nr F896, 8,80 DM

Bauklötzchen & *Bunte Kiste*:

Altberliner Verlag & Freiarbeit-Verlag:
Quod erat exspectandum: Inzwischen kommen die Kolleginnen und Kollegen aus den 5 neuen Ländern und kaufen bei uns zu den alten Ostmark-Preisen die bunten und liebevoll illustrierten Kinderbücher vom Altberliner Verlag auf - weil das Perlen sind, die man in den 11 alten Ländern vergeblich sucht. Wir haben noch ein paar Klassenpakete in Reserve. Noch.

- ☐ 5 Bauklötzchen-Bücher Nr F731, 12,10 DM
  5 stabile, vierfarbige A6-Karton-Bücher (1 in Druckschrift, 4 in Schreibschrift) **für die 1. Kl.**
- ☐ 10 Blanko-Bauklötzchen Nr F730, 15,00 DM
  Blanko-Büchlein aus stabilstem Karton (1,5 mm) zum Selbergestalten: Malen, Schreiben, Fühlbuchstaben einkleben u.v.m. **Für alle Klassen!**
- ☐ 3 Tiergeschichten-Bücher Nr F732, 11,40 DM
  Die schönsten Geschichten zum Vor- und Selberlesen **für die 2. Kl.**. Bunt und liebevoll illustriert.
- ☐ 8 *Bunte Kiste* Bücher (1) Nr F733, 34,00 DM
  Ringelnatz, Liebmann, Bofinger, Siksgaard u.v.a.: Acht neue, vierfarbig & wunderschön illustrierte Bilder-Geschichten-Bücher **für die 3. Kl.**
- ☐ 8 *Bunte Kiste* Bücher (2) Nr F734, 34,20 DM
  Mark Twain, Bechstein, Gerlach, Ringelnatz u.a.: Bauchladentheater, Schauerliches, moderne Märchen und die Porinden (!) **für die 4. Kl.**

die LernScheibe:

- ☐ LernScheiben-System Nr F700, 6.- DM
  Der Tischtennisschläger mit dem Druckknopf: Papphalter für auswechselbare Scheiben mit je 72 Feldern für 36 Fragen + 36 Antworten für die Freiarbeit in **allen** Fächern + **allen** Klassen.
- ☐ 24 Blanko-Scheiben + Raster Nr F790, 16,80 DM
  Stabiler Karton + KVs für eigene Lernprogramme.
- ☐ 6 Scheiben Mathematik Kl.1 Nr F701, 9,80 DM
  mit 216 Fragen/216 Antworten. **Lehrplangemäß!**
  In derselben Qualität:
- ☐ 6 Scheiben Mathematik Kl. 2 Nr F702, 9.80 DM
- ☐ 6 Scheiben Mathematik Kl. 3 Nr F703, 9.80 DM
- ☐ 6 Scheiben Mathematik Kl. 4 Nr F704, 9.80 DM
- ☐ 6 Scheiben Deutsch Kl. 1 Nr F705, 9.80 DM
- ☐ 6 Scheiben Deutsch Kl. 2 Nr F706, 9.80 DM
- ☐ 6 Scheiben Deutsch Kl. 3 Nr F707, 9.80 DM
- ☐ 6 Scheiben Deutsch Kl. 4 Nr F708, 9.80 DM

SCHUBRA.

- ☐ SCHUL-BRANCHENBUCH Nr F574, 15.- DM
  Von audiovisuellen Geräten über Computer, Freiarbeit-Material, Leihdienste, Lehr- und Lernmittel, Schulbauten, Schulgarten, Umwelt, Zirkus: *Wo finde ich was?* Der erste und umfassende Branchenführer.
- ☐ SCHUBRA im Abonnement Nr F577, 10.- DM

Der Robischon-Unterricht

- ☐ Das Kind und die Schrift Nr F680, 4.- DM
  Die Kinder schreiben vom ersten Schultag an und lesen gleich, was sie schreiben. Das Buch dazu.
- ☐ ABC-LernKarussell 1 Nr F691, 22,80 DM
  A6-Kartei für den Anfangsunterricht im Ringbuch
- ☐ ABC-LernKarussell 2 Nr F692, 22,80 DM
- ☐ Geschichten-Werkst. Kl. 1-5 Nr F685, 49.- DM
  Kreatives Schreiben in der Grundschule: Bildanregungen als Geschichtsauslöser mit 3 Lineaturen.
- ☐ Null Fehler Math. LK 1 Nr F625, 22,80 DM
- ☐ Null Fehler Math. LK 2 Nr F626, 22,80 DM
- ☐ Null Fehler Math. LK 3 Nr F627, 22,80 DM
- ☐ Null Fehler Math. LK 4 Nr F628, 22,80 DM
- ☐ Null Fehler Math. LK 5 Nr F629, 22,80 DM

Freiarbeit (fast) überall: in D, in A und CH:

W-1000 B 62, Apostel-Paulus 28, T 030-7881171
W-2381 Stolk, Zum Rüholz 2, T 04623-7135
W-3000 Hannover 1, Harnischstr. 9, T 0511-625100
W-3550 Marburg, In der Wann 15a, T 06421-34942
W-7585 Lichtenau-2, Waldstr. 17 T 07227-2019
W-8500 Nürnbg. 50, Saturnweg 12, T 0911-861910
W-8941 Sontheim, Salzstraße 30, T 08336-1355
O-7063 Leipzig, Plovdiver Str. 68, T 4111293
O-???? Hier könnte Ihre Adresse stehen ...
Rufen Sie uns an: 07227-2019 oder schreiben Sie.

Materialien, Infos & Prospekte, aber **kein Versand**.
Wollen Sie den Katalog oder Materialien dieser Liste **per Post**, bestellen Sie bitte **nur** beim:
Freiarbeit-Verlag, Waldstr. 17, W-7585 Lichtenau,
Telefon 07227-2019, Fax 07227-8284

In **ÖSTERREICH** bei Reinhard Bachmann vom:
**Freiarbeit-Verl., Hohe Wies 15, A-6845 Hohenems,
Telefon 05576-5213**
und in der **SCHWEIZ** beim Ernesto Gribi vom:
**Freiarbeit-Froschkönig, Pf. 86 25, CH-8180 Bülach,
Telefon 01861-1377**

die Unterrichts-Karteien:

- ☐ Freiarbeit-Werkstatt-Buch 1 Nr F553, 34.- DM
  Die Quersumme aus unseren Freiarbeit-Materialien zum Selbermachen für bastelfreudige Kollegen
- ☐ Kartei RechenSpaß Kl. 1+2 Nr F518, 49.- DM
  A4-Kartei im Ringbuch: Die schönsten Zahlen-Verbinde-, Ausmal-, Rätselbilder ... Mit Lehrertips.
- ☐ Kartei RechenSpaß Kl. 3+4 Nr F519, 49.- DM
- ☐ Schreib los! Bild-/Text-Kartei Nr F504, 33.- DM
  200 Bildblätter zum Freien Schreiben für Kl. 3-10
- ☐ Indianerkartei für Kl. 3-7 Nr F506, 32.- DM
- ☐ „Fliegender Stern"-TB zu 506 Nr F507, 5.80 DM
- ☐ A5-Kartei „Das trifft's!" Nr F579, 20.- DM
  Die Aufsatz-Schule: Treffende Wörter für Gefühle, Sachen, Satzanfänge etc: 38 Karten. Ab Kl.2
- ☐ Ich male dir ein Märchenbuch Nr F578, 49.- DM
  Bild- und Textvorgaben für 4 mod. Märchen: Abenteuer, Umwelt (Kinderkrimi), Liebe, Science-Fiction zur Herst. richtiger Märchenbücher. Kl.5-10.
- ☐ (Offene) Bildergeschichten Nr F552, 39.- DM
  Aufsatzschule: Altersgem. Probl. (Diebstahl, Sucht, Arbeitsplatz, Eifersucht etc.) für Sek. 1+2 und BS.
- ☐ A5-Grundrechenart. Kl. 5-7 Nr F580, 39.- DM
  Addition, Subtraktion, Multiplikation und Division: Schritt für Schritt auf 96 A5-Karteikarten +Infos.
- ☐ Kartei Bruchrechnung Nr F581, 39.- DM
- ☐ Raten + Suchen + Finden Nr F510, 49.- DM
  A4-Kartei im Ringbuch: Rätsel ab Kl. 5: Engl. + türk. Rätsel führen zur selben deutschen Lösung.
- ☐ AENIGMATA: Quaeras ... Nr F520, 49.- DM
  A4-Kartei im Ringbuch: Freiarbeit im Gymn.: einfache bis anspruchsvolle Lateinrätsel. Mit Vokabularium. Ab Kl.5. **Vorsicht:** macht lateinsüchtig!

Das LernKarussell im Buch:

- ☐ Grundwissen Grammatik D Nr F633, 39.- DM
  Die deutsche Grammatik auf Karteikarten kompetent und verständlich erklärt. **Ab Kl. 5!**
- ☐ LiB 1: Alltags-Physik Nr F631, 39.- DM
  Warum ist der Himmel blau? - Alltagsphänomene auf 96 Karteikart. leichtverständl. erklärt. Ab Kl. 6.
- ☐ Leseschule Kl. 5 + 6 (o.Rb) Nr F611, 16,80 DM
  32 Karten A6 mit 15 unterschiedlichsten Texten und variationsreichen Fragen und Aufgaben. **Ebenso:**
- ☐ Leseschule Kl. 7 + 8 (o.Rb) Nr F612, 16,80 DM
- ☐ Ringbuch zur Leseschule Nr F630, 6,00 DM

die ♥ Klassenpakete ♥ & die Kennenlern-Angebote:

- ☐ Freiarbeit: lustvoll + geordnet Nr F830, 39.- DM
  Grundschulalltag & Freiarbeit: Für Päd. Tage & Elternabende. VHS-Video + Begleitbroschüre + KV.

♥ ♥ **Freiarbeit Klassenpakete** ♥ ♥
- ☐ **Freiarbeit Klassenpaket Kl. 1 Nr F981, 144,44 DM**
  Enthält: 15 Lese-, 15 Rechen-, 15 „Zur Sache, Röllchen!", 2 LernScheiben-Halter, 6 Scheiben Mathematik, 6 Scheiben Deutsch, 2 LernKarusselle Holz für 32 Karteikarten Deutsch + 32 Karteikarten Mathe, die Lauf- + die Büchsendiktate, 1 Platzhalter mit 56 Rechenstreifen - alles nach Lehrplan.
  Ebenso (mit Lehrerinfo + Ordnungsaufklebern):
- ☐ Freiarbeit Klassenpaket Kl. 2 Nr F982, 144,44 DM
- ☐ Freiarbeit Klassenpaket Kl. 3 Nr F983, 144,44 DM
- ☐ Freiarbeit Klassenpaket Kl. 4 Nr F984, 144,44 DM
- ☐ LernSchiffchen kennenlernen Nr F799, 40.- DM
  1 LernSchiffchen Nr. 600 aus massiver Buche + 96 Lernkärtchen Math. Kl. 1 Nr. 661 (davon 32 blanko).
- ☐ LernKarussell kennenlernen Nr F699, 32.- DM
  1 LernKarussell + Karteikartensatz Mathem. Kl. 1.
- ☐ NATUR BE-GREIFEN (Ausw.) Nr F529, 28.- DM
  12 spannende A4-Experimente + Info-Broschüre.
- ☐ Gesamtprospekt + Tips + Tricks Nr F444, 3.- DM

BESTELLABSCHNITT (an den Freiarbeit-Verlag)
Senden Sie mir bitte die oben angekreuzten Materialien (zuzüglich Versandkosten) an diese Adresse:

Name: _____

Adresse: _____

Freiarbeit-Verlag, W-7585 Lichtenau, ✆ 07227-2019

Lernen in Projekten

Dafür sorgt die AOL: Mit dem handlungsorientierten Unterricht; mit dem AOL-Projekte-Buch; mit der Rucksackbücherei; mit Zirkus-Spielen; mit dem bunten Schulleben-Programm; mit den überlebensnotwendigen Umweltmaterialien; usw. usf.

Das AOL-Projekt-Paket.
Nr. A472 für 99,90 DM

Das Paket für alle guten Lehrerzimmer
Das Leben in die Schule! - Die Schule ins Leben!

- ☐ Das AOL-Projekt-Paket Nr A472, 99,90 DM
  Das Paket enthält die Nr. 120, 083, 124, 870.
- ☐ Projektwoche konkreter Nr A120, 39.- DM
  Vorbereit./Organisation; Checkliste/ Ideenmarkt. Für alle Schulen, die zum ersten oder wiederholten Mal eine Projektwoche organisatorisch problemlos bewältigen wollen.
- ☐ Das AOL- Projekte-Buch Nr A083, 24,80 DM
  250 Projekte/-Ideen der anderen Schulwirklichkeit Der Ideen-Steinbruch zum Nach- und Bessermachen. Ausprobierte Projekte mit Praxisberichten.
- ☐ Projektlernen Nr A124, 34,80 DM
  21Praxisschritte: Vom Kennenlernen der Teilnehmer über Themensammlung, Handlungsziele, Arbeitszeiten etc. bis zur Projektauswertung.
- ☐ A4-Schreibunterl./Blatthalter Nr A870, 3,80 DM

AOL. Das Buch. Die Reihe.
Schule zum Anfassen. Ideen & Projekte:

- ☐ Liebe Eltern ... Nr A341, 19,80 DM
  71 Elternbriefe von 4 Schulpsychologen zu allen wichtigen Schulthemen. Vom Bundeselternrat empf.
- ☐ Wege zur Öko-Schule Nr A342, 38.- DM
  Bausteine für den notwendigen Wandel in Ost und West. Ein Mosaik alternativer Lernwege + Ideen!
- ☐ Wir werden sein wie die Kinder Nr A343, 19,80 DM
  Warum uns schulisch alles so auf die Nerven geht!
- ☐ ABC mit allen Sinnen Nr A344, 48.- DM
  Buchstaben fühlen, hören, basteln, essen, tanzen, backen, drucken, aus Geschichten erfahren u.v.m.

A6-Hosentaschenbücher (HTB):

- ☐ HTB 1: Mein Fahrtenbuch Nr A370, 6,80 DM
  Tagebuch, Schülerausweis, Checklisten, Spiele...
- ☐ HTB 2: Mein Projektwochenbuch Nr A371, 6,80 DM
  Projekte/Betriebspraktikum: Wegweiser, Ordner...
- ☐ HTB 3: Mathematricks Sek.1+2 Nr A372, 6,80 DM
- ☐ HTB 4: Poesie-Album-Sprüche Nr A373, 6,80 DM
- ☐ HTB 6: Guten Morgen, liebe Kinder Nr A375, 6,80 DM
  Kleine Sprach- und Wörterspiele für Kl. 1-5
- ☐ Das Ei in Füsik & Kämie Nr A376, 6,80 DM
  HTB 7: Versuche, Rätsel + Bilder rund ums Ei.
- ☐ Das Fallschirm-Erdball-Buch Nr A377, 6,80 DM
- ☐ Das kleine Geburtstags-Buch Nr A378, 6,80 DM
- ☐ Suchtvorbeugung - mal anders Nr A381, 6,80 DM
  HTB 11: Erlebnisorientierte Übungen /Spiele ab 12.
- ☐ Liebe Kinder, jetzt gibt's ... Nr A379, 6,80 DM
  Quickies (lustige Quizspiele für Pfiffikusse) HTB 10
- ☐ Guten Abend: Elternabend Nr A382, 6,80 DM
  HTB 12: Tips & Hilfen für den kreativen Elternabend
- ☐ HTB 13: Das Freiarbeit-Büchlein Nr A383, 6,80 DM
- ☐ Theater aus der Hosentasche Nr A384, 6,80 DM
- ☐ Ferienreif, einfach ferienreif! Nr A385, 6,80 DM
  HTB 15: Lehrerlyrik & -prosa für mitleidende Egos.
- ☐ Noch 10 Minuten, liebe Kinder! Nr A386, 6,80DM
  HTB 16: Sprach- und Wörterspiele kurz vor Schluß.
- ☐ HTB 17: GRAFFITI -PROJEKTE Nr A387, 6,80DM
- ☐ HTB 19: Von der Käfighaltung Nr A389, 6,80 DM
  ... zum Kunstflug. Beiträge zur humanen Schule
- ☐ HTB 20: 99 Luftballonspiele Nr A390, 6,80 DM
- ☐ HTB 21: 111 Riesenmikadospiele Nr A391, 6,80 DM
- ☐ HTB 22: Es fliegt was in der Luft! Nr A392, 6,80 DM
- ☐ HTB 23: Mutlanger Morgentreffs Nr A393, 6,80 DM
  Von Menschen- und Gottesdiensten...
- ☐ HTB 24: Die Worte der Liebe Nr A394, 6,80 DM
  Liebesprojekt für Sek. 1+2: Dû bist mîn, ich bin dîn.
- ☐ HTB 25: Lesen + lesen lassen Nr A395, 6,80 DM
  Das lesende Klassenzimmer. Rucksackbücherei.

Fitneß, Sport & Kondition

- ☐ Fitneß- & Spielkiste 1 Nr A008, 49.- DM
  129 Arbeitskarten A5 mit hervorragenden Zeichnungen für die persönliche Fitneß und für die Basisausbildung in Schule & Verein. Allgemeine & spezielle Konditionsgymnastik einzeln, zu zweit und in Gruppen, mit/ohne Geräte, mit Konditionstests.
- ☐ Fitneß- & Spielkiste 2 Nr A009, 49.- DM
  Fortführung von Band 1: 116 Arbeitskarten A5; Zusätzlich mit Aufwärmspielen und Konditionsgymnastik im *Freien* und im *Wasser*.

Spiele, Feste, Ollümpiaden:

- ☐ Die NoNsense-Olympiade 1 Nr A056, 39.- DM
  Vom Teebeutelweitwurf bis zum Flossenlauf: der große Schul- und Vereinsspaß: drinnen und draußen; zu Wasser, zu Land und in der Luft!
- ☐ Die NoNsense-Olympiade 2 Nr A059, 39.- DM
  56 neue Zimmer- und Flurspiele wie Fußballon, Schlangenzüchter, Murmelmeeting! Der Spaß!
- ☐ Alternative Spiel- & Sportfeste Nr A067, 39.- DM
  Die besseren Bundesjugendspiele. Für uns alle!
- ☐ 66 Klassenfeste Nr A066, 39.- DM
- ☐ „Schon wieder Fastnacht!" Nr A077, 39.- DM
- ☐ AOL-Weihnachten (Kl.1-10) Nr A062, 39.- DM
- ☐ Zirkus-Spielen Nr A044, 48.- DM
  Handbuch für die Kinder- und Jugendarbeit: 4farbig, fester Einband: Kinderzirkus, Circusdisziplinen, Improvisieren und Clownspielen: Die Praxis!
- ☐ AOL-Zirkus Nr A064, 49.- DM
  Artistik, Clowns, Jonglieren, Zauberei, Zeltbau, Dressur, Schminken & 18 Projekte in Wort & Bild!
- ☐ Roncalli-Zirkusmusik-Kassette Nr A207, 19.- DM
- ☐ Das endgültige AOL-Varieté Nr A078, 39.- DM
- ☐ AOL-Zauberei (GS + Sek 1) Nr A065, 29.- DM
  50 verblüffende Tricks für Menschen von 6-66.
- ☐ NATO-Fallschirmkappe Nr A206, 348.- DM
  grün, gebraucht, 8,4 m Ø, stabil. Begrenzter Vorrat!

Deutschunterricht:

Auf diesen qualifizierten Rechtschreib-, Aufsatz- und Literaturunterricht freuen sich ihre Schüler:

- ☐ Rechtschreibtraining O'stufe Nr A050, 29.- DM
  Testdiktat A und B, 30 Übungsdiktate; Fehlerprozentzahl und Auswertungsbogen. Hochwirksam!
- ☐ Rechtschreibtraining Sek.st.1 Nr A051, 29.- DM
  20 Übungsdiktate; mit differenz. Fehlerauswertung + Lernprogramm **Grundwissen Deutsch.**
- ☐ Grundwissen Deutsch (A4 KV) Nr A310, 24.- DM
  407 Karteikartentexte für Kl. 5-10 im Kopierformat.
- ☐ 36-Pointen-Fortsetzungsdikt. Nr A054, 39.- DM
  Kl. 5-10: je 6 animierende Diktate + Schreibspiele.
- ☐ Aufsatzunterricht O'stufe Nr A052, 29.- DM
- ☐ „Bock auf Bücher" (Kl. 5-10) Nr A055, 29.- DM
  Spannende Projekte gegen Literaturbarrieren!
- ☐ Märchen-Rate-Spiele (Kl. 1-4) Nr A057, 29.- DM
- ☐ lesen-verstehen-verarbeiten Nr A058, 29.- DM
  Die AOL-Leseschule mit Alltags-Texten für Kl.5-10

(Über)lebensnotwendig:

- ☐ UE Gentechnik Nr A195, 39.- DM
  Für Sek. I und II und VHS. Biol. Grundlag. + Anwend.
- ☐ UE Tropische Regenwälder Nr A196, 39.- DM
- ☐ UE Wattenmeer und Nordsee Nr A189, 39.- DM
- ☐ 24 eindrucksV. Farbdias zu 189 Nr A188, 40.- DM
- ☐ Saurer Regen & Waldsterben Nr A187, 39.- DM
- ☐ Atomenergie (Werkstatt) Nr A181, 24.50 DM
- ☐ Umwelt 2000 (Global 2000) Nr A185, 39.- DM
- ☐ Wir erforschen den Boden! Nr A194, 24.50 DM
- ☐ Umwelttips für Schüler Nr A028, 2.- DM
- ☐ Umwelttips für Grundschüler Nr A029, 2.- DM
- ☐ Viel Müll oder wenig Abfälle (A5) Nr A027, 4.- DM
- ☐ Ozonkiller vermeiden Nr A026, 7.- DM

DAS SCHUBRA.

- ■ SCHUL-BRANCHENBUCH Nr A574, 15.- DM
  Von audiovisuellen Geräten über Computer, Lehr- und Lernmittel, Schulbauten, Schulgarten, Umwelt, Zirkus: Wo finde ich was? Der erste und umfassende Branchenführer. Mit redaktionellem Teil und dem Info-Scheck-Heft.
- ■ SCHUBRA-Abonnement Nr A577, 10.- DM
  Das SCHUBRA erscheint jährlich am 15. Februar. Das SCHUBRA kostet einzeln 15.- DM, im Abonnement aber nur 10.- DM. Das Abonnement kann jederzeit ohne Angaben von Gründen gekündigt werden. Sie abonnieren also völlig risikofrei.
- ■ SCHUBRA-Mitarbeiter-Unterlagen NR A583
  Das SCHUBRA erstellt in Zusammenarbeit mit einer pädagogischen Zeischrift zu jeder der 26 Hauptrubriken redaktionelle Einführungen. Wenn Sie für eine der 26 Rubriken (oder auch für eine der zahlreichen Unterrubriken) Sachkompetenz besitzen, würden wir uns über Ihre langfristige Mitarbeit freuen. Kreuzen Sie an, wenn Sie hierzu weitere Informationen wünschen.

...sondern für das Leben lernen wir!

Die 5-bändige Kopiervorlagen-Sammlung aus der langjährigen Arbeit mit Abschlußklassen. DIE Vorbereitung auf das Leben in unseren 16 alten & neuen Bundesländern!

- ☐ Bd. 1: Wege zum Beruf Nr A241, 44.- DM
  Lebenslauf, Jugendschutz, Schulsystem, Betriebserkundung, -praktikum, Eignungstest Aushilfe/Arbeiter/Angestellte/Selbständige u.v.m. ca. 86 KV.
- ☐ Band 2: Ausweise, Geld, ... Nr A242, 44.- DM
  ...Volljährigkeit: Fahrkarte, Paß, Visum, Wahl, Wehrpflicht/Musterung, Zivild./Kriegsdienstverw., Grundgesetz, Konto, Scheck, Kredit... ca 65 KV.
- ☐ Band 3: Verträge Nr A243, 44.- DM
  Verträge, Kündigungen, Lohn, Führerschein, Bußgeld/Unfall, Arbeitslosigkeit, Autokauf, Miete, Versicherung, Umgang mit Dokumenten... ca. 90 KV.
- ☐ Band 4: Wohnen Nr A234, 39.- DM
  Wohnsitz, Familienstand, Ämter, Beratungsstellen, Wohnort, Freizeit, Haushaltsplanung, Wäsche, Energiesparen, Umweltschutz, Reisen...ca. 54 KV.
- ☐ Band 5: Mein Körper Nr A235, 49.- DM
  Hygiene, Nahrung, Rezepte, Geschlechtsorgane, Schwangerschaft/Verhütung/Abbruch, Erste Hilfe, Ärzte, Krebs, Drogen, Aids, Süchte... ca. 110 KV.
- ☐ Band 1-5: ...sondern für das Leben lernen wir!
  Das Gesamtpaket Nr. A240, 198.00 DM

Die Vorteile der AOL-Materialien:

- ■ Unterrichtsmaterialien von Lehrern für Lehrer
- ■ Format A4 und „Kopierrecht im Klassensatz"
- ■ Detaillierte Hilfen für den Einsatz in der Praxis: Das spart Arbeit und löst Ihre Probleme!

AOL-Verlag regional:

W-1000 B 62, Apostel-Paulus 28, T 030-7881171
W-2000 HH 20, Itzehoer Weg 3, T 040-4226264
W-2381 Stolk, Zum Rühholz 2, T 04623-7135
W-3000 Hann. 1, Harnischstr.9, T 0511-625100
W-3550 Marburg, In der Wann 15a, T 06421-34942
W-7585 Lichtenau, Waldstraße 17, T 07227-4349
W-8500 Nürnbg. 50, Saturnweg 12, T 0911-861910
W-8941 Sonntheim, Salzstraße 30, T 08336-1355
O-7063 Leipzig, Plovdiver Str. 68, T 4111293
O-???? Hier könnte Ihre Adresse stehen ...
Materialien, Infos & Prospekte, aber **kein Versand.** Zum Reinschnuppern im Kreis hilfsbereiter Kollegen.

der AOL-Verlag international:

Unser Schwesterverlag in Österreich:
AOL-Verlag, A-6845 Hohenems, T 05576-5213
Unsere Vertriebsauslieferung in der Schweiz:
AOL-Froschkönig, CH-8180 Bülach, T 01861-1377
- ☐ AOL-Gesamtprogramm Nr A444, 3.- DM
  Unser TB mit Tips, Geschichten & Bonbons!

BESTELLABSCHNITT (nur an den AOL-Verlag):
Hiermit bestelle ich die oben angekreuzten Unterrichtsmaterialien (zuzüglich Versandkosten):

Name: _____

Adresse: _____

AOL-Verlag, W-7585 Lichtenau, Tel.: 07227-4349

AOL. Das ist die **A**rbeitsgruppe **O**berkircher **L**ehrmittel. Seit 1977 arbeiten wir Lehrerinnen und Lehrer für eine bessere Schule. Und sind gemeinnützig anerkannt. Sie können bei uns mitarbeiten. Mehr steht im schwarzen Taschenbuch *Lernen in Projekten*, das Sie für 3.- DM (in Briefmarken) beim AOL-Verlag erhalten (Bestellnummer A444). Bei ihm sind die meisten unserer Materialien erschienen. Andere auch beim Rowohlt-Verlag. Alle aber stehen im schwarzenTaschenbuch. Auch das Projekt Rucksackbücherei. Für Lehrer/innen der Klassen 3-10.

Bücher nicht nur für den Unterricht

Sigrid u. Wolfgang Jacobeit: Illustrierte Alltagsgeschichte des deutschen Volkes. Vorwort von Jürgen Kuczynski. Großformat. Leinen, rund 800 Seiten mit 760 Abbildungen.
Das Standardwerk zur deutschen Alltagsgeschichte: Wohnen, Ernährung, Kleidung, Feste und Feierlichkeiten, Geburt und Tod jeweils in den verschiedenen Schichten und Klassen.
Band 1: 1550 bis 1810
Band 2: 1810 bis 1900
Beide Bd. zus. nur 39,80 DM ISBN 3-89144-060-X

Bruno Apitz: Nackt unter Wölfen. Roman. Leinen. 437 Seiten.
Der berühmte Roman von der Rettung des polnischen Kindes Stefan im KZ Buchenwald durch eine Gruppe von Häftlingen, die das Kind vor der Vernichtung durch die SS versteckten, erreichte bis heute eine Gesamtauflage von drei Millionen Exemplaren in 30 Sprachen. In den Niederlanden Schullektüre. Und bei uns?
9,80 DM ISBN 3-89144-072-3

Ruth Rewald: Vier spanische Jungen. Roman. 176 Seiten.
50 Jahre lag das Manuskript der deutsch-jüdischen Jugendbuchautorin, die 1942 in Auschwitz den Tod fand, in den Gestapo-Akten. Das einzige deutschsprachige Jugendbuch aus dem Spanischen Bürgerkrieg verfaßt nach einer wahren Begebenheit, über die A. Kantorowicz in seinem Tagebuch schreibt: „Alle vier reden durcheinander. Die Väter sind verstreut. Die Schule haben sie nicht mehr besucht seit Beginn des Aufstandes. Sie gingen auf den Kohlenhalden stiebitzen."
16,80 DM ISBN 3-89144-048-0

Geert Platner und Schüler der Gerhart-Hauptmann-Schule in Kassel (Hg.): Schule im Dritten Reich. Erziehung zum Tod.
Kartoniert. 363 Seiten. „Ein wichtiges Buch für viele, die auch im demokratischen System Druck und Anpassung erleben", schrieb Heinrich Böll an die Schüler, deren mehrfach preisgekrönte Arbeit auch in Israel und Japan veröffentlicht wurde. Themen u.a.: Umfangreiche Dokumente aus NS-Schulbüchern, Erfahrungsberichte von Schülern in der NS-Zeit, die illegale Schule in KZ-Buchenwald.
8,80 DM ISBN 3-89144-070-7

M. Hellfeld/A. Klönne: Die betrogene Generation. Jugend in Deutschland unter dem Faschismus. Quellen und Dokumente. Kartoniert. 348 Seiten.
Die Dokumente und Quellen zeigen die wichtigsten Bereiche der NS-Jugendpolitik (Hitlerjugend, Kriegserziehung, Mädchenrolle) und die vielfältigen Formen von Verweigerung und Widerstand (kirchliche, bündische und politische Jugendorganisationen, Edelweißpiraten, Jazz-Fans).
9,80 DM ISBN 3-89144-067-7

R. Billstein (Hg.): Neubeginn ohne Neuordnung. Dokumente und Materialien zur Weichenstellung in den Westzonen nach 1945.
Kartoniert. 351 Seiten. Vielfältig waren die Pläne und Vorschläge zur grundlegenden Umgestaltung Deutschlands nach 1945 (Wirtschaft, Justiz, Schulen, Landwirtschaft). Dargestellt wird ebenso die Auseinandersetzung um ihre Verwirklichung und die tatsächlichen Ergebnisse.
9,80 DM ISBN 3-89144-115-0

Gerda Zorn: Rote Großmütter — gestern und heute. Lebensgeschichten. Kartoniert mit Abb. 160 Seiten.
Von roten Großvätern war ja schon einiges zu lesen. Aber wer waren die Frauen, die gerade den Gefahren des Widerstandes gegen Hitler entronnen, sich erneut einmischten, als es um Remilitarisierung und Atombewaffnung ging. Einfühlsam schildert Gerda Zorn Frauen aus einer Generation, die eher zum Ducken, denn zum Aufstehen erzogen war.
17,80 DM ISBN 3-89144-001-4

Alle Titel über Ihre Buchhandlung oder direkt vom Verlag. Fordern Sie unser Gesamtverzeichnis an.

Lesungen mit Gerda Zorn und Dr. Dirk Krüger, Herausgeber von „Vier spanische Jungen", sind über den Verlag möglich.

Pahl-Rugenstein Verlag Nachfolger
Breite Str. 47 5300 Bonn 1
Tel. 0228/63 23 06 Fax 63 49 68